IL DONO DELLA RABBIA

Arun Gandhi

IL DONO DELLA RABBIA

e altre lezioni di mio nonno
Mahatma Gandhi

Titolo originale
The Gift of Anger: And Other Lessons from My Grandfather Mahatma Gandhi
Copyright © 2017 by Arun Gandhi

Traduzione di Elena Cantoni per Studio Editoriale Littera
Realizzazione editoriale di Studio Editoriale Littera, Rescaldina (MI)

www.giunti.it

© 2017 Giunti Editore S.p.A.
Via Bolognese 165 – 50139 Firenze – Italia
Piazza Virgilio 4 – 20123 Milano – Italia
Prima edizione: settembre 2017
Quarta ristampa: gennaio 2019

Stampato presso Elcograf SpA, stabilimento di Cles

*Ai miei meravigliosi nipoti
Elizabeth (Ellie), Michael (Micah), Jonathan (Jonu) e Maya.
A tutti i bambini appena nati e a quelli che verranno,
chiamati a realizzare il cambiamento
per salvare il mondo dal disastro.*

PREFAZIONE

Gli insegnamenti di mio nonno

La mia famiglia aveva in programma una visita al nonno. Ai miei occhi lui non era il Mahatma Gandhi riverito dal mondo intero, ma soltanto «Bapuji», il nonno affettuoso di cui i miei genitori parlavano spesso. Noi abitavamo in Sudafrica, e arrivare in India richiedeva un lungo viaggio: un volo fino a Mumbai e poi sei ore di treno, stipati su un vagone di terza classe che puzzava di fumo, sudore e fuliggine. All'arrivo alla stazione di Wardha eravamo tutti sfiniti e io non vedevo l'ora di scendere, per sfuggire a quell'aria viziata e respirare una boccata d'ossigeno.

Non erano ancora le nove del mattino, ma il sole già bruciava. La stazione consisteva in una semplice piattaforma accanto al binario con una casupola per il capostazione, tuttavia mio padre riuscì a scovare un facchino – riconoscibile per la lunga camicia rossa sopra il perizoma (*dhotî*) – che ci aiutò con i bagagli e ci indicò il parcheggio dei *tonga*, i carretti trainati da un cavallo. Papà caricò mia sorella Ela, di sei anni, su un *tonga* e mi invitò a salire accanto a lei. Lui e la mamma ci avrebbero seguiti a piedi, disse.

«Allora camminerò anch'io» risposi.

«La strada è lunga» osservò lui. «Sono quasi tredici chilometri.»

«Nessun problema» insistetti io. Avevo dodici anni, e ci tenevo a fare il duro.

Non impiegai molto a pentirmi della mia decisione. Il sole batteva sempre più forte, e dopo i primi due chilometri di asfalto la strada si tramutò in uno sterrato. A quel punto ero già stanco, madido di sudore e coperto di polvere, ma non potevo rimangiarmi la parola. Nella mia famiglia valeva la regola per cui gli impegni presi si rispettano fino in fondo. Non aveva importanza che il mio ego fosse più forte delle mie gambe: avevo detto che avrei camminato, e adesso dovevo farlo.

Finalmente avvistammo l'*ashram* di Bapuji, chiamato Sevagram. Si trovava in un luogo isolato, nel cuore della regione più povera dell'entroterra indiano. Io avevo tanto sentito parlare della bellezza e dell'amore che il nonno aveva diffuso nel mondo, quindi mi aspettavo una sorta di paradiso terrestre, con giardini fioriti e splendide cascate. Invece mi trovai davanti un paesaggio piatto e spoglio, arido e del tutto privo di attrattive, con un piccolo assembramento di capanne di fango costruite intorno a un ampio slargo. Mi sembrava assurdo aver fatto tanta strada per raggiungere un posto così desolante e vuoto. Speravo almeno in un comitato di accoglienza, invece nessuno prestò attenzione al nostro arrivo. «Dove sono tutti?» domandai alla mamma.

Entrammo in una semplice capanna, dove mi lavai e mi strofinai con cura la faccia. Bapuji l'avevo incontrato una sola volta in passato, avevo appena cinque anni, e di lui non ricordavo niente, perciò provavo un certo nervosismo al pensiero di rivederlo. I nostri genitori avevano intimato a me ed Ela di comportarci bene, perché il nonno era una personalità importante. Persino in Sudafrica la gente ne parlava con rispetto, e per quanto potesse essere povero il suo ashram, ero certo che lui abitasse in una residenza elegante, servito e riverito da stuoli di domestici.

Rimasi scioccato quando ci recammo in un'altra capanna, spoglia quanto la prima. Il cortile di terra battuta conduceva a una stanza di una decina di metri quadrati dove vidi Bapuji, seduto in un angolo a gambe incrociate, su un sottile materassino di cotone sistemato sul pavimento.

In seguito avrei appreso che i capi di Stato in visita si accucciavano sullo stesso materassino per parlare con il grande Gandhi e chiedergli consiglio.

Appena ci vide sulla soglia, però, Bapuji ci regalò un bellissimo sorriso sdentato e ci invitò ad avvicinarci.

Seguendo l'esempio dei nostri genitori, io e mia sorella ci inchinammo ai suoi piedi, nel gesto indiano tradizionale di sottomissione, ma lui tagliò subito corto coi convenevoli: ci fece alzare, stringendoci in un fortissimo abbraccio. Poi baciò entrambi sulle guance, strappando a Ela un gridolino di sorpresa e contentezza.

«Com'è andato il viaggio?» domandò.

Sopraffatto dall'emozione, balbettai: «Ba-bapuji, sono arrivato a piedi dalla stazione».

Lui scoppiò a ridere, e con un lampo gioioso negli occhi disse: «Davvero? Sono proprio orgoglioso di te». Poi mi stampò altri due baci sulle guance. Il suo amore incondizionato era tangibile, e per me non esisteva benedizione migliore.

Ma ce ne sarebbero state molte altre.

I miei genitori e mia sorella si fermarono soltanto pochi giorni all'ashram, prima di proseguire il viaggio per fare visita ai membri della numerosa famiglia allargata di mia madre, sparpagliati ai quattro angoli dell'India. Io invece restai. Per due anni avrei vissuto con Bapuji, accompagnandolo nei suoi viaggi e trasformandomi da bambino ingenuo a saggio giovane uomo. Gli insegnamenti appresi in quel periodo cambiarono per sempre il corso della mia vita.

Spesso Bapuji sedeva al *charka*, il suo arcolaio, e a me piace pensare alla sua esistenza come a un filo dorato di esperienze e insegnamenti che continua a legare le generazioni presenti e future, offrendo una trama più salda a tutti noi. Oggi molti conoscono Gandhi soltanto attraverso i film, o al massimo sanno che fu all'origine dei movimenti di protesta nonviolenta poi arrivati anche negli Stati Uniti, dove contribuirono alla conquista dei diritti civili. Io invece lo ricordo come un nonno buono e affettuoso che in me cercava sempre il bene, inducendomi a coltivarlo. Grazie al suo esempio, io e tanti altri siamo diventati uomini di gran lunga migliori di quanto avremmo mai potuto immaginare. Mio nonno non chiedeva giustizia politica in base a chissà quale teoria astratta, ma per reale empatia con le sofferenze di ogni essere umano. Era fermamente convinto che tutti meritassero una vita migliore.

Oggi più che mai abbiamo bisogno del suo insegnamento. Gandhi soffrirebbe molto per l'ondata di aggressività che ha investito il mondo contemporaneo. Ma non perderebbe la speranza.

L'umanità intera appartiene a un'unica grande famiglia.

«L'umanità intera appartiene a un'unica grande famiglia» mi ripeteva spesso. Nella sua vita Gandhi fu vittima di minacce e odio, ma grazie alla filosofia pratica di nonviolenza contribuì alla liberazione dell'India, offrendo un modello per la conquista dei diritti in tutto il mondo.

Oggi come allora dobbiamo smettere di combatterci l'un l'altro per concentrare le forze sui veri pericoli che ci minacciano. Negli Stati Uniti omicidi e attentati sono diventati ordinaria amministrazione: poliziotti e manifestanti pacifici uccisi a sangue freddo, bambini assassinati nelle scuole e per le strade, e i social network sono un ricettacolo di odio e pregiudizi. I politici fomentano la rabbia e le divisioni invece di ricercare un terreno comune.

Nella visione di mio nonno, il pacifismo non era un atteggiamento passivo o remissivo. Al contrario, lui lo considerava un modo per accrescere la forza morale ed etica, per progredire verso il raggiungimento di un'armonia sociale. Quando cominciò a organizzare le sue campagne nonviolente, chiese ai compagni di aiutarlo a trovare un nome per il movimento, e un cugino suggerì di chiamarlo *sadagraha*, che in sanscrito significa «fermezza per una buona causa». Bapuji apprezzò la proposta, ma scelse un termine leggermente diverso, *satyagraha*, «fermezza per la verità». In seguito qualcuno lo tradusse come «forza d'animo», un efficace promemoria per ricordare che la vera forza viene dal rispetto dei valori nel perseguimento di una trasformazione sociale.

Credo che per tutti noi oggi sia vitale tornare alla «forza dell'anima» di mio nonno. Il movimento *satyagraha* determinò un gigantesco capovolgimento politico, restituendo l'indipendenza a milioni di indiani. E soprattutto dimostrò che è possibile conseguire i propri scopi attraverso l'amore e la verità, e che i progressi più grandi si realizzano quando mettiamo da parte la diffidenza reciproca per trovare la forza nella positività e nel coraggio.

Mio nonno non credeva alle etichette e alle distinzioni tra gli esseri umani, e sebbene fosse una persona profondamente spirituale, era contrario all'uso della religione come strumento per dividere anziché unire le persone. Nell'ashram ci svegliavamo ogni mattina alle quattro e mezzo, e alle cinque si recitavano le preghiere. Bapuji aveva studiato i testi sacri di tutte le confessioni, e le sue preghiere erano ecumeniche, tratte da ciascuna fede in parti uguali. Era convinto che ogni religione contenesse una parte di verità e che i problemi sorgono quando ci convinciamo che quella parte sia il tutto e l'unica verità possibile.

Bapuji si oppose al dominio coloniale inglese in difesa dell'autodeterminazione indiana e di tutti i popoli. Per questo principio, un uomo che predicava la pace e la fratellanza universali trascorse quasi sei anni in carcere. I suoi ideali di libertà e unità erano considerati talmente pericolosi che lui, la moglie e il suo miglior amico e confidente, Mahadev Desai, furono arrestati. Desai morì in prigione nel 1942, stroncato da un infarto, e il 22 febbraio di due anni dopo si spense anche Kasturba, la moglie amatissima del nonno, spirando con la testa appoggiata in grembo al marito. Tre mesi dopo Gandhi fu scarcerato. Era l'unico superstite. A distanza di un anno mi accolse nel suo ashram e diventò il mio maestro, avviandomi sulla strada del perfezionamento.

Il periodo vissuto al suo fianco fu importante per entrambi. Durante la mia permanenza, la sua opera per l'indipendenza dell'India fu coronata dal successo, ma la violenza e la Partizione – la secessione dei territori divenuti lo Stato del Pakistan – che seguirono erano in netto contrasto con il suo sogno. E mentre lui rivoluzionava lo scacchiere mondiale, io trasformavo me stesso, addestrandomi – spesso con fatica – a controllare le mie emozioni, scoprendo come realizzare il mio potenziale e imparando a guardare il mondo con occhi nuovi. Fui testimone dei cambiamenti epocali determinati da mio nonno e, al tempo stesso, un discepolo dei suoi insegnamenti semplici e pratici per il conseguimento dei miei obiettivi personali. Una full immersion nella filosofia di Bapuji: «Sii il cambiamento che desideri vedere nel mondo».

Sii il cambiamento
che desideri vedere nel mondo.

Un ideale oggi più impellente che mai, dal momento che siamo circondati da un livello di violenza e odio senza precedenti. Tutti aspirano al cambiamento ma non sanno come realizzarlo. Nell'attuale situazione di disuguaglianza economica, oltre quindici milioni di bambini americani e centinaia di milioni in tutto il mondo non hanno di che sfamarsi, mentre chi vive nell'abbondanza si sente in diritto di sprecare. In tempi recenti, alcuni estremisti di destra hanno sfigurato una statua di mio nonno eretta nella piazza di una città dell'India settentrionale, giurando che quel gesto avrebbe segnato l'inizio di una «scia di terrore». Dobbiamo trasformare le nostre vite se vogliamo mettere fine a simili follie.

Mio nonno l'aveva previsto. Una settimana prima del suo assassinio, un giornalista gli domandò: «Cosa pensa ne sarà della sua filosofia, dopo la sua morte?». E, con profonda tristezza, lui rispose: «La gente mi seguirà in vita e mi venererà dopo la morte, ma non abbraccerà la mia causa». È arrivato il momento di farlo. La sua saggezza quotidiana può aiutarci a risolvere i problemi di ogni giorno. Mai come oggi abbiamo avuto bisogno di lui.

Bapuji si appellò a Verità trascendenti e a comportamenti pratici per cambiare il corso della storia. Dobbiamo deciderci a seguire questi insegnamenti.

Le sue lezioni di vita mi hanno trasformato per sempre. La mia speranza è che infondano pace anche a voi, aiutandovi a trovare il vero significato dell'esistenza.

USA LA RABBIA A FIN DI BENE

Mio nonno sbalordì il mondo rispondendo all'odio e alla violenza con l'amore e il perdono. Restò sempre immune dal veleno della rabbia. Io non ero altrettanto bravo. Da piccolo, in Sudafrica, in quanto indiano subivo sia le aggressioni dei bambini afrikaner, che non mi consideravano abbastanza bianco, sia di quelli africani, che non mi consideravano abbastanza nero.

Ricordo un sabato pomeriggio – avevo appena nove anni – in cui, andando a comprare un gelato, mi trovai ad attraversare un quartiere bianco e fui circondato da tre adolescenti. Uno di loro mi prese a schiaffi, e quando caddi a terra gli altri due cominciarono a sferrarmi calci, ridendo come matti. Poi corsero via prima che qualcuno riuscisse ad acchiapparli. Un anno dopo la mia famiglia si recò in città per partecipare alla celebrazione di Diwali, la festa induista delle luci. Eravamo diretti a casa di amici quando, svoltando un angolo, passai davanti a un gruppo di ragazzi africani. Uno di loro mi tirò una bastonata sulla schiena. Non c'era motivo, salvo il fatto che ero indiano. Ribollivo di rabbia e volevo vendicarmi.

Cominciai ad allenarmi con i pesi. Mi ero messo in testa che se fossi diventato abbastanza forte nessuno avrebbe più avuto il coraggio di trattarmi così. Seguirono risse a non finire. I miei genitori, che si consideravano ambasciatori del messaggio di nonviolenza di Bapuji, erano preoccupati. Cercarono di aiutarmi a essere meno aggressivo, ma non poterono fare nulla per placare la mia rabbia.

E nemmeno io ero felice. Coltivare il rancore e tramare vendetta non mi faceva sentire più forte, tutt'altro. Fu uno dei motivi per cui i miei genitori pensarono di affidarmi al nonno. Speravano che nell'ashram avrei imparato a comprendere meglio la mia rabbia, e a contenerla. Lo speravo anch'io.

Fin dai primi incontri, restai molto colpito dall'atteggiamento calmo e misurato di Bapuji, a prescindere dal comportamento e dalle parole altrui. Mi ripromisi di seguire il suo esempio, e per un po' me la cavai abbastanza bene. Dopo la partenza dei miei genitori e di mia sorella, incontrai un gruppo di coetanei che vivevano nel villaggio in fondo alla strada e cominciammo a giocare insieme. Con una pallina da tennis e qualche pietra per indicare le porte, organizzammo un torneo di calcio.

Io adoravo il calcio. Fin dal primo giorno quei ragazzi mi presero in giro per il mio accento sudafricano, ma in patria avevo affrontato di peggio, e pur di giocare tollerai il loro scherno. Ma nel bel mezzo di una partita, mentre correvo dietro al pallone, uno di loro mi fece lo sgambetto. Caddi di schianto sulla terra battuta. Con l'amor proprio e il ginocchio feriti, mi sentii invadere dalla solita rabbia: avevo il cuore in gola e la mente piena di pensieri di vendetta. Rialzandomi afferrai un sasso e tesi il braccio all'indietro, pronto a scagliarlo con tutte le forze contro il ragazzino che mi aveva umiliato.

Ma una voce sottile nella mia testa mi consigliò: «Non farlo».

Lasciai cadere il sasso e tornai di corsa nell'ashram. Piangendo a dirotto trovai mio nonno e gli raccontai l'accaduto.

«Sono sempre arrabbiato, Bapuji. Non so più cosa fare.»

Avevo contravvenuto ai suoi precetti e temevo di averlo deluso. Lui invece mi accarezzò le spalle, poi, in tono rassicurante disse: «Prendi il tuo arcolaio e sediamo insieme a filare un po'».

Mi aveva insegnato a usare il *charka* fin dal mio arrivo all'ashram. Mi dedicavo a quell'attività ogni giorno, un'ora al mattino e un'altra alla sera. Era molto rilassante. Bapuji fu un sostenitore ante litteram del multitasking. Ripeteva spesso: «Quando sediamo a chiacchierare le mani restano inoperose, perciò possiamo usarle per filare». Così presi il mio attrezzo rudimentale e lo sistemai sulla veranda.

Bapuji mi sorrise, e cominciò a filare una lezione insieme al cotone. «Voglio raccontarti una storia» disse quando gli sedetti accanto. «C'era una volta un ragazzino della tua età. Era sempre arrabbiato perché le cose non sembravano mai andare per il verso giusto. Non capiva il valore del punto di vista altrui, perciò, quando qualcuno lo provocava, lui reagiva con accessi di rabbia.»

Sospettando che il discorso mi riguardasse da vicino, continuai a filare, ma drizzai le orecchie.

«Un giorno quel ragazzo restò coinvolto in una lite molto violenta, e senza volerlo commise un omicidio» proseguì il nonno. «In un momento di irrazionalità aveva distrutto la propria vita prendendo quella di un altro.»

«Mi impegnerò a migliorare, Bapuji, te lo prometto.» Non avevo la minima idea di *come* ci sarei riuscito, ma non potevo permettere che la rabbia mi facesse uccidere un uomo.

Bapuji annuì. «So che sei pieno di rancore» continuò. «I tuoi genitori mi hanno parlato di tutte le tue risse, a casa.»

«Mi dispiace tanto» dissi, a un passo dallo scoppiare di nuovo in lacrime.

Ma il nonno aveva in mente una morale diversa da quella che mi aspettavo. Mi rivolse un lungo sguardo da sopra il suo *charka*. «Io sono felice di sapere che sei capace di arrabbiarti. La rabbia è positiva. Io mi arrabbio di continuo» confessò, mentre le sue dita giravano la ruota.

Quell'ammissione mi lasciò esterrefatto. «Io non ti ho mai visto perdere la pazienza» replicai.

«Perché uso la mia rabbia a fin di bene» spiegò lui. «La rabbia sta alle persone come la benzina alle automobili: è il carburante che ci fa muovere per raggiungere un posto migliore. Altrimenti ci mancherebbe la spinta necessaria ad affrontare una sfida. È l'energia che permette di reagire all'ingiustizia.»

*La rabbia sta alle persone come la benzina
alle automobili: è il carburante che ci fa muovere
per raggiungere un posto migliore. Altrimenti
ci mancherebbe la spinta necessaria ad affrontare una
sfida. È l'energia che permette di reagire all'ingiustizia.*

Mi raccontò che da giovane, in Sudafrica, anche lui era stato vittima della violenza nata dal pregiudizio, a cui reagiva con aggressività. Poi però aveva capito che la vendetta non serve a niente, perciò aveva cominciato a combattere il pregiudizio e la discriminazione con la compassione, rispondendo alla rabbia e all'odio con la bontà. Si era convertito al potere della verità e dell'amore. L'idea di cercare vendetta adesso non aveva più alcun senso per lui. L'atteggiamento da occhio per occhio serve solo ad accecare il mondo.

Per me fu una sorpresa scoprire che il temperamento calmo di Bapuji non era innato. Adesso era un uomo riverito da tutti, e addirittura chiamato con il titolo onorifico di Mahatma, ma un tempo anche lui era stato un ragazzino indisciplinato. Quando aveva la mia età, rubava soldi ai genitori per comprarsi le sigarette, e si cacciava sempre nei guai. Lui e la nonna si erano sposati a tredici anni, con un matrimonio combinato dalle famiglie, ed essendo ancora immaturo a volte lui la trattava male: una volta, dopo un litigio, aveva persino cercato di scacciarla. Non gli piaceva affatto la persona che stava diventando, perciò, con l'autocontrollo, si era plasmato un carattere paziente e moderato.

«E credi che potrei riuscirci anch'io?» gli domandai.

«Lo stai già facendo» rispose lui con un sorriso.

Mentre continuavamo a filare, cercai di assorbire il concetto di una rabbia usata a fin di bene. Il segreto dunque non era sforzarsi di *non provare* rabbia, ma imparare a incanalarla verso un obiettivo positivo, per esempio i cambiamenti politici che con dedizione assoluta il nonno aveva perseguito in Sudafrica e in India.

Bapuji mi spiegò che anche i nostri arcolai erano un esempio di come la rabbia può produrre risultati positivi. In India l'artigianato tessile era un mestiere antichissimo, ma adesso le grandi fabbriche inglesi si prendevano tutto il cotone, lo lavoravano, e poi rivendevano i filati agli indiani a prezzi esorbitanti. La gente era furibonda. Era costretta a vestirsi di stracci perché non poteva permettersi di comprare gli abiti prodotti in Inghilterra. Ma invece di prendersela con l'industria inglese perché aveva impoverito il popolo, Bapuji cominciò a filare lui stesso il cotone, per incoraggiare le famiglie a seguire il suo esempio e diventare autosufficienti. L'iniziativa ebbe un impatto enorme in tutto il paese e in Inghilterra.

Notando l'attenzione con cui lo ascoltavo, il nonno mi offrì un'altra analogia – erano la sua passione! – e paragonò la rabbia all'elettricità. «Usandola con intelligenza, l'elettricità può essere utile per migliorare la vita. Ma se ne abusiamo, rischiamo di morire folgorati. Allo stesso modo, dobbiamo imparare a usare la rabbia con saggezza, per il bene dell'umanità.»

Usandola con intelligenza, l'elettricità può essere utile per migliorare la vita. Ma se ne abusiamo, rischiamo di morire folgorati. Allo stesso modo, dobbiamo imparare a usare la rabbia con saggezza, per il bene dell'umanità.

Io non desideravo certo che la rabbia che provavo causasse un cortocircuito nella mia vita o in quella degli altri. Ma come far scoccare la scintilla del cambiamento?

Bapuji era un uomo profondamente spirituale, ma sapeva anche essere molto pratico. Mi diede un quaderno e una matita e mi invitò a tenere un diario della mia rabbia. «Ogni volta che la senti montare dentro di te, fermati e scrivi chi o che cosa l'ha provocata, e perché hai reagito così» mi disse. «Lo scopo è arrivare alle radici della rabbia. Solo quando ne avrai individuato la fonte potrai trovare una soluzione.»

La chiave, spiegò, è comprendere il punto di vista altrui. Il diario non doveva servirmi a sputare sentenze o accuse, come fanno molte persone che, quando poi rileggono ciò che hanno scritto, si arrabbiano da capo, sentendosi di nuovo nel giusto! No, l'obiettivo è sforzarsi di capire le cause del conflitto e cercare di risolverle. Io dovevo imparare a prendere le distanze da me stesso per immedesimarmi con gli altri. E non per accettarne la posizione in modo passivo, ma per individuare un terreno comune, evitando così rabbia e rancori.

A volte ci impegniamo a superare un conflitto, ma i nostri metodi peggiorano le cose. Diventiamo aggressivi e prepotenti, pensando di poter costringere gli altri a fare ciò che vogliamo noi. Ma la violenza, le critiche e le minacce di punizione sono controproducenti con gli adulti quanto con i bambini. La nostra reazione aggressiva porta a un'escalation dello scontro. Ci stiamo comportando da arroganti, senza renderci conto che i prepotenti non sono forti. In qualsiasi situazione – al campo giochi, sul lavoro, durante una campagna politica – quelli che fanno la voce grossa e assumono un tono aggressivo sono sempre i più deboli e insicuri. Bapuji mi ha insegnato che la vera forza consiste nel capire il punto di vista degli altri, e nel perdono.

Mi spiegò che tutti dedichiamo molto tempo a rendere sano e robusto il fisico, ma non ci curiamo affatto di potenziare e risanare la mente. Se non teniamo sotto controllo la mente, ci lasciamo sopraffare dalla rabbia, dicendo o facendo cose di cui in seguito ci pentiremo. Nella vita quotidiana, capita continuamente di provare un impeto di rabbia o di esasperazione, e di dover decidere se assecondarlo oppure no. Magari un collega ci rivolge un commento offensivo e noi reagiamo in modo brusco, oppure riceviamo un'email irritante e, senza fermarci a riflettere, rispondiamo per le rime. La rabbia può persino indurci a ferire i nostri cari, i figli o il partner. Se il loro atteggiamento ci delude o il loro parere contrasta con il nostro, partiamo all'attacco.

Le nostre parole possono infliggere ferite incurabili proprio alle persone che amiamo e, senza rendercene conto, con la rabbia danneggiamo anche noi stessi. Pensate a come vi sentite quando insultate o maltrattate qualcuno. Il vostro corpo è teso e la mente sembra in fiamme. Siete consumati dalla rabbia, al punto da perdere di vista tutto il resto. Riduce la prospettiva tanto da non vedere altro fuorché l'insulto che state per scagliare. Magari subito dopo sbollisce, e vorreste scusarvi, ma ormai il danno è fatto. Reagire in modo impulsivo e aggressivo è come sparare un colpo di pistola: una volta partiti, i proiettili non si possono più rimettere nel caricatore.

Dobbiamo sempre ricordare che esistono vie alternative.

Quel giorno, mentre filavamo, Bapuji mi parlò di quant'è importante considerare la rabbia come il sintomo di qualcosa che non va. Tenere il diario era solo il primo passo. Per accertarmi di reagire nel modo giusto, in futuro, avrei dovuto imparare ad assumere il controllo della mia mente. Invece di seguire l'istinto, adoperando parole o comportamenti lesivi, avrei dovuto concentrarmi su una soluzione che accontentasse tutti. Se il mio impulso era sbagliato, quale reazione potevo adottare per creare maggiore comprensione reciproca?

«Devo rafforzare la mia mente, Bapuji!» dissi. «Hai qualche esercizio da consigliarmi?»

Lui mi suggerì di cominciare nel modo più semplice. Dovevo sedermi in una stanza tranquilla e senza distrazioni (oggi avrebbe detto: senza cellulare!), davanti a qualcosa di bello, per esempio un fiore, vero o in fotografia. Dopo essermi concentrato su quell'oggetto per qualche minuto dovevo chiudere gli occhi e cercare di rivederlo il più a lungo possibile nella mia mente. All'inizio l'immagine sarebbe svanita quasi subito, ma con l'esercizio sarei riuscito a mantenerla vivida sempre più a lungo. In questo modo avrei imparato a resistere alle distrazioni e ad acquisire il controllo mentale.

Quando sarai più grande, aggiunse il nonno, potrai passare alla seconda fase dell'esercizio. Ti siederai nella stessa stanza, chiuderai gli occhi e ti concentrerai soltanto sul respiro che entra ed esce dal tuo corpo. Imparerai a svuotare la mente, senza permettere a pensieri estranei di distoglierti. Questi esercizi ti daranno un controllo più saldo anche sulle tue reazioni, disse, aiutandotia evitare gli scatti inconsulti nei momenti di crisi.

Cominciai ad allenarmi subito l'indomani stesso, e lo faccio ancora adesso. L'esercizio che mi suggerì Bapuji è il sistema più efficace che abbia mai trovato per controllare la mente. Impiegai parecchi mesi a imparare a convogliare la mia aggressività in azioni intelligenti, ma alla fine ci riuscii.

Questa forma di gestione della rabbia è un lavoro che dura tutta la vita. Non basta impegnarsi qualche mese per impadronirsene. Le circostanze cambiano di continuo, e di conseguenza anche le cause scatenanti della rabbia. Perciò è importante conservarsi sempre vigili e pronti a parare i colpi bassi della vita.

Io ero curioso di sapere in che modo il nonno avesse scoperto che la collera si può usare a fin di bene. «Bapuji, posso farti una domanda?»

«Certo, Arun.»

«Come hai capito che la rabbia può essere uno strumento tanto utile e potente?»

Lui smise di filare e scoppiò a ridere. «Me l'ha insegnato tua nonna.»

«Davvero? E come? Racconta!»

«Quando ci siamo sposati, io ero talmente giovane che non sapevo proprio come comportarmi con una moglie. Al ritorno da scuola andavo in biblioteca a consultare libri sulle relazioni coniugali. Un giorno avemmo una discussione, e mentre io urlavo a squarciagola, tua nonna rispondeva in tono calmo e ragionevole. Restai senza parole. Ripensandoci in seguito mi resi conto di quanto si diventi irrazionali quando ci si lascia trascinare dall'ira, e dell'efficacia con cui la pacatezza di tua nonna aveva disinnescato il potenziale esplosivo di quella situazione. Se mi avesse risposto per le rime, la discussione sarebbe degenerata in un litigio vero e proprio, e chissà come sarebbe andata a finire. Più ci riflettevo e più mi convincevo che dovevamo imparare tutti da lei, addestrandoci a usare la rabbia in modo intelligente.»

Mia nonna era morta da poco nel carcere in cui era stata rinchiusa insieme a Bapuji per la loro disobbedienza civile, e lui ne soffriva moltissimo la mancanza. Ogni mese celebrava una funzione dedicata alla sua memoria. L'esperienza che mi raccontò mi fece capire quanto può essere dirompente conservare la calma quando il tuo interlocutore perde le staffe. È un comportamento molto raro. Di solito appena una persona alza la voce l'altra scatta subito sulle difensive e risponde a tono, con il risultato che il livello di rabbia non fa che crescere. Rispondendo con dolcezza agli insulti o alle aggressioni, possiamo ribaltare la situazione.

Avevo compreso le parole di Bapuji, ma il suo insegnamento rimase teorico per molto tempo, fino a quando una particolare circostanza mi fece davvero ribollire il sangue. Nel mentre, ero tornato a vivere in Sudafrica, ma all'età di ventidue anni partii di nuovo per l'India, in visita ai parenti. Al mio ritorno in patria contavo di proseguire la lotta contro la discriminazione e l'apartheid, tuttavia in India ebbi un attacco di appendicite acuta che richiese un intervento d'urgenza. L'infermiera che mi accolse in ospedale, Sunanda Ambegaonkar, era una ragazza bellissima

e premurosa, e nei cinque giorni del mio ricovero me ne innamorai per-
dutamente. Eravamo entrambi molto timidi, e dovetti penare parecchio
per convincerla ad accettare un invito al cinema. Nel giorno stabilito mi
presentai puntuale all'appuntamento. Erano le tre del pomeriggio, e non
vedendola rimasi ad aspettarla. Attesi a lungo. Infine, poco prima delle
sei, lei arrivò, convinta che a quel punto me ne fossi già andato. All'inizio
accampò la scusa di un'emergenza in ospedale, ma poi confessò che era
stato solo il nervosismo a farla tardare.

Dopo quell'esordio difficile, cominciammo a frequentarci e alla fine ci
sposammo. Ci preparavamo a tornare insieme in Sudafrica quando capitò
l'impensabile. A Sunanda serviva il visto per entrare nel paese, ma io ero
certo che nessuno gliel'avrebbe negato. Io avevo la cittadinanza e lei era
mia moglie, perciò mi sembrava un diritto portarla con me. Ma erano i
tempi dell'apartheid, e la richiesta fu respinta: Sunanda era considerata
persona non grata. Per più di un anno facemmo l'impossibile per convincere il governo a lasciarci tornare, senza esito. A quel punto mi trovai davanti all'assurda scelta di rimanere con mia moglie in India o di tornare in
Sudafrica da mia madre, nel frattempo rimasta vedova, e dalle mie sorelle.
Il dilemma mi riempì di rabbia e di angoscia. Come poteva un governo
causare tante sofferenze inutili? Mi si spezzava il cuore, ma adoravo mia
moglie, così decisi di rifarmi una vita in India con lei.

Circa dieci anni dopo, un vecchio amico venne a trovarmi. Quando andai
a prenderlo al porto, un uomo bianco appena sceso dalla nave mi si parò
davanti, mi strinse energicamente la mano e disse che avrebbe passato
quasi una settimana a Mumbai, e che era impaziente di visitare la città. Io
ero il primo indiano in cui si fosse imbattuto: potevo aiutarlo? Si presentò:
si chiamava Japie Basson, ed era un deputato del parlamento sudafricano.
Sentii risorgere tutto il mio vecchio rancore. Il governo che Basson rap-
presentava mi aveva insultato e mi aveva impedito di tornare in patria.
Non mi andava proprio di aiutare quel tizio. Semmai, avevo una gran

voglia di scaraventarlo in mare per vendicarmi. Ormai però mi esercitavo da tempo con la tecnica di Bapuji e stavo imparando a incanalare la rabbia in modo intelligente. Così deglutii a forza e decisi di non reagire d'istinto.

Gli strinsi a mia volta la mano e gli spiegai in modo educato che ero stato vittima dell'apartheid, costretto a restare in India perché il suo governo aveva rifiutato il visto a mia moglie.

«Sono contrario alle politiche del vostro governo» gli dissi. «Tuttavia, lei è un ospite in questa città, perciò farò in modo che il suo soggiorno qui sia il più piacevole possibile.»

Accompagnato il mio amico al suo alloggio, io e mia moglie dedicammo i giorni seguenti a mostrare ai signori Basson tutte le attrazioni di Mumbai, cercando di essere amichevoli e ospitali. Ciononostante, parlammo molto dell'apartheid e di come aveva separato la mia famiglia. L'ultimo giorno, quando ci salutammo, erano entrambi commossi.

«Avete aperto i nostri occhi sui mali del pregiudizio» mi confessò il signor Basson, stringendomi in un abbraccio. «Il governo con cui mi sono schierato sta sbagliando. Al mio ritorno a casa, combatterò l'apartheid.»

Dopodiché si imbarcarono, ma io rimasi scettico. Mi sembrava impossibile che quei pochi giorni fossero bastati a fargli davvero mutare opinione.

«Non sono sicuro che sia sincero» dissi a mia moglie. «Staremo a vedere.»

Non dovetti attendere molto. Appena rientrato in patria, Basson cominciò a contestare pubblicamente il regime dell'apartheid. Abbracciò la causa con una passione tale che il partito di governo lo espulse e lui perse l'elezione successiva. Tuttavia continuò a esprimere la sua opposizione, e senz'altro la sua forza contribuì a persuadere anche molti altri.

Quel cambiamento incredibile fu la prova di quanto fosse potente la filosofia della «rabbia intelligente» di Bapuji. Se avessi seguito il mio primo istinto, insultando Basson (o, peggio, spingendolo in mare), forse sul momento avrei provato una piccola soddisfazione. Gli avrei detto in faccia ciò che pensavo di lui, e in fondo se lo meritava! Ma il risultato ultimo non sarebbe stato per niente soddisfacente. Se ne sarebbe tornato a casa avendo ancora più conferme del suo razzismo, e avrebbe continuato a tenere le distanze dai neri e dagli indiani.

Usare la testa nei momenti di rabbia migliora la vita, sia a livello personale sia globale. Il nonno lo scoprì agli esordi del suo attivismo politico. Nel 1913, quando viveva in Sudafrica, decise di lanciare una campagna contro il pregiudizio e la segregazione nel paese. Chiese al governo l'apertura di un dialogo, badando a non utilizzare un linguaggio aggressivo o accusatorio. Non avendo ottenuto risposta, informò l'opinione pubblica del suo tentativo di trovare una soluzione pacifica, precisando che le sue intenzioni non erano bellicose, e invitò il popolo a unirsi a lui per una manifestazione di disobbedienza civile.

In quello stesso periodo, gli operai delle ferrovie sudafricane avevano indetto uno sciopero per ottenere condizioni di lavoro migliori. Mio nonno si rese conto che la loro iniziativa avrebbe distratto l'attenzione dalla sua, perciò sospese la campagna fino al termine dello sciopero.

«Dovresti partecipare anche tu» gli disse un leader degli operai. «Perché non unire le forze? Anche gli scioperi sono una forma di protesta nonviolenta, e dopotutto stiamo lottando contro un nemico comune.»

«Io non ho nemici» rispose il nonno. «Considero un amico anche chi non la pensa come me. Il mio intento è educarlo e convertirlo.»

Gli operai iniziarono lo sciopero, manifestando per le strade e urlando slogan pieni di rabbia. Furibondi ed esasperati com'erano, cedettero alle provocazioni, offrendo alla polizia un facile pretesto per la repressione violenta. Il risultato fu un fiasco clamoroso. Dopo quattro giorni gli operai dovettero tornare al lavoro senza avere ottenuto il soddisfacimento di nessuna delle loro rivendicazioni.

Poco dopo, Bapuji rilanciò la campagna contro la discriminazione. Stabilì un tono di protesta pacata. A dispetto delle atrocità della polizia, non definì mai «nemici» né le forze dell'ordine né il governo. Il suo intento era di convincere tutti – compresi i poliziotti – a non ferire o offendere. All'arrivo delle forze dell'ordine, lui e i suoi seguaci si lasciarono arrestare senza opporsi, salendo in silenzio sui cellulari. Altri manifestanti ne presero il posto, e furono incarcerati a loro volta. L'avvicendamento proseguì finché, dopo due settimane, le prigioni furono talmente zeppe che non c'era più spazio per far entrare nessuno. Il primo ministro, il generale Jan C. Smuts, fu costretto a negoziare un accordo. Quando si ritrovò faccia a faccia con mio nonno, Smuts confessò di non sapere proprio come comportarsi con lui e i suoi sostenitori: «Siete sempre così rispettosi, gentili e educati che è difficile sconfiggervi con la violenza. È stato molto più facile reprimere gli scioperanti, vista la loro aggressività».

Non è semplice conservare la calma di fronte a un attacco, ma dopo averci provato, vedrete i risultati e vi convincerete. Non serve aspettare un evento importante o una manifestazione. È un metodo che si può sperimentare ogni giorno, con le persone accanto a noi. A mano a mano che impariamo a incanalare la rabbia, vedremo anche gli altri cambiare atteggiamento. A nessuno piace essere prevaricato. Preferiamo tutti essere capiti e apprezzati. La rabbia ci dà l'impulso a correggere un torto, ma per riuscirci davvero dobbiamo aspirare sinceramente al raggiungimento di un accordo, non puntare soltanto a dimostrare di aver ragione.

Quel giorno in cui sedevamo a filare nell'ashram, Bapuji mi abbracciò. Si augurava per me che il suo insegnamento avesse messo radici, e aggiunse: «Usa la tua rabbia con saggezza. Permettile di aiutarti a trovare una soluzione nell'amore e nella verità».

Usa la tua rabbia con saggezza. Permettile di aiutarti a trovare una soluzione nell'amore e nella verità.

Il suo affetto nei miei confronti era profondo, e in quel momento compresi che l'amore e la dolcezza sono più forti della rabbia. Avrei continuato a incontrare ingiustizie e pregiudizi per il resto della vita, ma non ho mai più provato l'impulso di scagliare una pietra. Avevo imparato che esiste sempre un'altra via.

lezione 2
NON AVERE PAURA DI PRENDERE POSIZIONE

Mio nonno ospitava i visitatori dell'ashram nella speranza che perseguissero una Verità superiore, ma molti si limitavano a riverirlo, comportandosi da groupie. Lui, al contrario, incoraggiava ciascuno a pensare con la propria testa. Era convinto che non si dovesse sacrificare se stessi per compiacere gli altri, e non si offendeva quando i seguaci lo contestavano. «Un "no" pronunciato con convinzione profonda è meglio di un "sì" detto solo per blandire, o peggio, per quieto vivere» ripeteva. Tuttavia le persone avevano difficoltà a metterlo in discussione. Lo vedevano come un santone, un saggio a cui obbedire in modo passivo.

Un «no» pronunciato con convinzione profonda
è meglio di un «sì» detto solo per blandire,
o peggio, per quieto vivere.

Ci volle una bambina di sei anni, mia sorella Ela, per dimostrare a tutti che prendere posizione non è soltanto accettabile, ma addirittura essenziale. Al nostro primo arrivo a Sevagram, mia sorella e i miei genitori si fermarono per una settimana. Anche a Phoenix, in Sudafrica, vivevamo in un ashram fondato da Bapuji, il suo primo esperimento di vita comunitaria. All'inizio ci abitava soltanto la nostra cerchia famigliare più stretta e al massimo qualche cugino, ma presto si unirono anche gli amici, e poi estranei attirati dall'idea di una vita di collaborazione reciproca e di armonia con la natura.

Nell'ashram di Phoenix conducevamo un'esistenza molto frugale, eppure sembrava quasi opulenta al confronto con Sevagram. In Sudafrica avevamo i mobili e abitavamo in casette di legno e lamiera. In India c'erano capanne di fango e solo il pavimento per sederci. Ma la differenza più significativa era nel cibo. In entrambi i casi ci nutrivamo del frutto del nostro lavoro, ma a Phoenix il talento culinario di mia madre tramutava i prodotti della terra in menu molto vari e accompagnati da un'infinità di spezie. La cucina di Sevagram era (per dirlo fuori dai denti) orribile. Mangiavamo la stessa cosa tutti i giorni: zucca bollita, senza sale. Ogni pasto era sciapo e insapore quanto il precedente e il successivo. Zucca bollita a colazione, pranzo e cena. Io ed Ela protestammo con i nostri genitori ma loro ci imposero di tacere: eravamo ospiti di Bapuji, perciò dovevamo sottostare alle sue regole. Cercammo di parlarne con gli addetti alla cucina, e anche loro ripeterono la stessa cosa: «Stiamo seguendo le regole di Gandhi». Tutti davano per scontato che fosse stato lui a stabilire il menu, e che avesse le sue buone ragioni. Anche al resto della comunità non sarebbe dispiaciuto gustare una pietanza diversa, almeno di tanto in tanto, ma per timore di sembrare insolente, nessuno fiatava.

Ela, invece, era troppo piccola per farsi certi scrupoli. Dopo qualche giorno, la zucca le usciva dagli occhi, e con tutto il sussiego dei suoi sei anni entrò a passo di marcia nella capanna di Bapuji. «Dovresti cambiare nome a questo ashram, e chiamarlo Kola!» dichiarò. In indiano, *kola* significa «zucca».

Colto alla sprovvista, Bapuji alzò gli occhi dal suo lavoro e domandò: «E perché mai, piccola?».

«Perché da quando siamo arrivati non abbiamo mangiato altro che zucca, mattina, mezzogiorno e sera. Non ne posso più!» sbottò lei.

«Davvero?» Lo sbalordimento del nonno era sincero. Ma aveva un certo senso dell'umorismo, perciò aggiunse: «Bisognerà indagare, e se è vero ciò che hai detto, seguirò il tuo consiglio e cambierò nome all'ashram».

Gandhi mangiava appena lo stretto indispensabile, e spesso ricorreva al digiuno come forma di protesta nonviolenta. Tuttavia non pretendeva che gli altri osservassero una dieta altrettanto ascetica e spartana. Spesso i suoi impegni gli impedivano di pranzare con gli altri, e comunque lui non prestava attenzione a certe cose. Perciò non si era proprio accorto del predominio della zucca.

Quella sera, dopo la preghiera collettiva, quando di solito pronunciava il suo sermone, domandò al direttore dell'ashram il motivo di quel menu tanto monotono. Munna Lal, il direttore, rispose che stava cercando di rispettare la regola del nonno di mangiare soltanto ciò che veniva prodotto dalla comunità.

«Intendi dire che coltiviamo soltanto zucche?» chiese Bapuji.

«Ci avevi detto che i nostri pasti devono essere semplici, e ho pensato che intendessi questo.»

«"Semplice" non significa essere obbligati a mangiare la stessa cosa tutti i giorni.»

A quel punto, con aria mortificata, il direttore confessò la verità: «Abbiamo seminato un campo intero di zucche, e il raccolto è stato così abbondante che non sappiamo più dove metterle. Per questo le cuciniamo tanto spesso».

Bapuji osservò che non era il modo giusto di fare le cose. «Bisogna seminare un'ampia varietà di frutta e verdura, ma preparare piatti semplici.» E, poiché non esprimeva mai un rimprovero senza proporre una soluzione, aggiunse: «Dato che abbiamo un'eccedenza di zucche, vi prego di portarle al villaggio e di barattarle con qualche ortaggio diverso».

Ela diventò un'eroina, e non soltanto per l'immediato miglioramento nella nostra dieta. Bapuji la prese come esempio per dimostrare che non bisognerebbe mai tacere i problemi. Come possiamo pensare di cambiare il mondo se abbiamo paura ad aprire bocca?

Dopo la partenza di Ela e dei miei genitori, io mi abituai in fretta ai ritmi dell'ashram. Ogni mattina mi svegliavo alle quattro e mezzo per essere pronto alla preghiera delle cinque. Bapuji guidava la funzione e poi teneva un discorso sui grandi temi del momento. A volte, però, affrontava questioni di ordine pratico, relative alla gestione dell'ashram, e in quei casi sorridevo tra me: quanto si sarebbe sorpreso il mondo di sentire il grande Gandhi parlare del modo migliore di innaffiare l'orto! Non esistevano argomenti che lui ritenesse inferiori alla sua statura.

Dopo la riunione, dedicavo un'ora all'esercizio fisico e allo yoga, e poi veniva il momento delle mansioni quotidiane. Nell'ashram tutti dovevano contribuire, svolgendo a turno anche i compiti più sgradevoli, come la pulizia delle latrine. In India certe occupazioni sono riservate alle caste inferiori, ma Bapuji era convinto che livellare le distinzioni tra le persone servisse ad abbattere i pregiudizi, perciò nessuno era esentato dai compiti più umili. Io invece ci avevo sperato. Odiavo dover portare nel campo il secchio degli escrementi da usare per il compostaggio, e arricciavo il naso solo al pensiero. Pensavo che, come nipote di Gandhi, avrei avuto un trattamento speciale. Mi sbagliavo di grosso! E dopo un po', lavorando insieme agli altri, mi resi conto che in fondo non era tanto male. L'insegnamento di uguaglianza di Bapuji ti faceva vedere il lavoro con altri occhi.

Finite le incombenze domestiche, veniva (finalmente!) l'ora di colazione, dopodiché raggiungevo il mio tutore all'aperto per seguire le lezioni sotto il sole cocente. A volte la temperatura sfiorava i quarantasei gradi, ma non avevo la possibilità di mettermi all'ombra perché il mio eccentrico tutore aveva fatto lo strano voto di non cercare mai riparo, anche se a me concedeva il lusso di coprirmi la testa con un telo di cotone. Alcuni membri dell'ashram si imponevano un voto come esercizio di autodisciplina e per mettere alla prova la loro forza di volontà. Tuttavia, in quelle giornate torride, avrei preferito che il mio tutore fosse meno rigoroso nella sua adesione agli impegni.

I voti sono una prassi comune nella tradizione induista. Durante un soggiorno in casa di mia nonna materna, una zia fece voto di concedersi solo due pasti al giorno. In un'occasione avevamo organizzato un picnic, e io e mia sorella notammo che la zia non assaggiò neanche un boccone. Nel pomeriggio, però, non la smetteva più di mangiare caramelle, così le chiedemmo spiegazioni. «Ho già fatto colazione, e adesso devo resistere fino a cena» rispose lei.

Diversamente dalla zia, il mio tutore prendeva molto sul serio il suo voto, e non cercava scorciatoie. Passavamo la giornata in pieno sole, salvo mezz'ora di pausa per il pranzo. Il disagio non dipendeva soltanto dal caldo. L'aria era secca e piena di polvere, e quando arrivavano le piogge, l'ashram si tramutava in un lago di fango. E d'inverno le temperature toccavano l'estremo opposto, precipitando sottozero.

Oltre al voto di non cercare riparo, il mio tutore aveva anche altre stranezze. Una volta aveva avuto una discussione con un altro membro della comunità e si era messo a sbraitare. Informato dell'episodio, Bapuji lo aveva rimproverato dell'aggressione verbale nei confronti del compagno e gli aveva detto che doveva imparare a controllare la rabbia.

«Qual è il tuo consiglio?» gli aveva domandato il tutore.

«Sei un uomo intelligente» aveva risposto Bapuji. «Ci arriverai da solo.»

La soluzione trovata dal tutore aveva scioccato tutti, compreso mio nonno. Si era cucito le labbra con il filo di ferro. Aveva scritto un biglietto, spiegando che le sue labbra sarebbero rimaste sigillate finché fosse stato certo di avere domato il suo temperamento. Aveva impiegato parecchio tempo, e per mesi si era alimentato soltanto di liquidi, versandoli da un angolo della bocca attraverso un imbuto. Quando lo conobbi, le cicatrici sulle labbra erano ancora fresche. Un uomo simile non avrebbe certo violato un voto per un po' di calura.

Bapuji non si scandalizzava per le eccentricità. Al contrario, gli piacevano le persone che ragionavano con la propria testa. Semmai a esasperarlo erano quelle che smettevano di usarla per imitare gli altri. Non credo sarebbe stato felice di scoprire che ai nostri giorni il vizio di accodarsi al gregge è diventato persino più spiccato, con i «mi piace» e i «follower» che proliferano sui social network. Una celebrità descrive la sua dieta dimagrante e milioni di persone la adottano, pur se assurda quanto quella della zucca. Un politico fa un commento violento o razzista e i seguaci del suo partito non si oppongono. I leader religiosi predicano contro i diritti civili e delle donne e la gente subisce senza fiatare, in nome della tradizione.

Oggi molti politici consultano i sondaggi d'opinione prima di esporsi su qualsiasi argomento e si schierano solo quand'è nel loro interesse. È raro che ascoltino davvero il parere degli altri, per non rischiare di essere bollati come voltagabbana dai media, nel caso in cui dovessero modificare il proprio punto di vista. A Bapuji non interessavano le politiche di partito e non pretendeva di avere sempre ragione. Mi confidò che ogni giorno sperimentava nuove idee, e si sforzava di mettere sempre in discussione proprio le convinzioni cui teneva di più. Non smetteva mai di interrogarsi. Sapeva che se seguito in modo rigido e dogmatico, qualsiasi insegnamento diventa la parodia di se stesso e si allontana dal suo obiettivo. Sono certo che oggi avrebbe parecchio da dire alle persone che si rifiutano di prendere posizione contro un'ingiustizia, protestando in prima persona. A sei anni Ela si era esposta per ottenere ciò che riteneva giusto, e dovremmo tutti seguire il suo esempio. Invece che lasciarci trascinare dalle convinzioni altrui, dovremmo fermarci a ragionare per decidere se coincidono davvero con il nostro modo di pensare. Se accettate la definizione di «giusto» e «sbagliato» proposta da qualcuno senza impegnarvi a confermarla o confutarla con la vostra testa, vi state accontentando di un piatto di zucca lessa e insapore.

Dimostriamo forza quando scopriamo cosa conta per noi e siamo disposti a difenderlo, anche se la maggioranza marcia nella direzione opposta.

Come nipote di Gandhi, ho dedicato la vita a seguire la sua filosofia di nonviolenza e accoglienza del prossimo. All'inizio pensavo di dover ricalcare esattamente le sue orme, senza mai deviare dalla via che aveva tracciato. Poi però mi sono ricordato di quanto era stato fiero di venire contestato da Ela e mi sono reso conto che il nonno avrebbe preferito che anch'io pensassi con la mia testa. Bapuji non aveva mai smesso di mettere alla prova la sua filosofia, al fine di perfezionarla. E poi io e lui siamo diversi, basta guardarmi per capirlo.

«Non puoi essere suo nipote» mi prendevano in giro i compagni quando tornai dall'India. «Tu sei grande e grosso, invece lui è magrissimo.»

Gli adolescenti sono sempre insicuri, e a volte il confronto con un personaggio della statura di Gandhi mi terrorizzava.

«Non potrò mai essere alla sua altezza» confessai a mia madre.

«Se lo consideri un peso, il suo lascito ti schiaccerà» rispose lei con saggezza. «Ma se segui la sua via per cercare un significato autentico e la Verità, il cammino sarà più leggero.»

Da quel momento in poi ho deciso di ignorare i paragoni umilianti. Potevo ammirare mio nonno e combattere per la sua causa, restando fedele a me stesso. Diversamente da Bapuji, io non sono vegetariano, e capita spesso che al ristorante qualcuno me lo faccia notare, con l'aria di avermi colto in fallo. Come posso pensare di diffondere il messaggio di Gandhi, se ho un hamburger nel piatto? Quando succede, cerco di spiegare che Bapuji non credeva nella necessità di aderire a un dogma, rinunciando a ogni autonomia di pensiero. Nella sua visione, le obiezioni e il ragionamento erano parte integrante del processo. Perciò trovando la mia strada personale non tradisco mio nonno e la causa per cui si è speso. Al contrario, vivo fino in fondo la sua filosofia.

Bapuji mi ha insegnato che le scelte di vita non si fanno per compiacere gli altri. Il conformismo non ha mai cambiato il mondo. Pensate per esempio alle persone che nelle grandi aziende restano sempre in ufficio fino a tardi, convinte che i superiori si aspettino gli straordinari. Ma è davvero l'unico modo di offrire valore all'azienda, o esistono soluzioni alternative per svolgere al meglio il proprio lavoro senza sacrificare il tempo che dovremmo dedicare a noi stessi e alle nostre famiglie? Perché condannarci a un'esistenza che ci rende infelici solo perché qualcun altro sostiene che sia la via giusta?

Molti di noi si lasciano ossessionare dai beni materiali perché è questo il messaggio martellante che ci circonda nella pubblicità, in televisione, al cinema e sui social network. In realtà sappiamo benissimo che una casa più grande o una macchina più veloce non ci renderanno più felici, eppure permettiamo che il giudizio comune ci condizioni, spingendoci a volere sempre qualcosa che non abbiamo.

Bapuji visse sempre in un'assoluta frugalità perché credeva che nessuno meritasse più degli altri. Da giovane, però, la vedeva diversamente. Quand'era avvocato, a Londra, si sforzò in ogni modo di assimilarsi all'ambiente: comprando un abito fatto su misura in Bond Street, iscrivendosi a un corso di ballo, persino acquistando un violino. Voleva essere un gentleman inglese in tutto e per tutto.

Qualche tempo dopo, iniziò a esercitare la professione in Sudafrica e, per difendere una causa in tribunale, dovette prendere un treno notturno per Pretoria. Comprò un biglietto di prima classe e salì in carrozza, ma fu aggredito a male parole da un bianco grosso e ostile.

«Fuori di qui, *coolie*!» gli urlò il tizio, usando l'insulto razzista tipico di quel tempo.

«Il mio biglietto è in regola» rispose il nonno.

«Me ne frego del biglietto. Se non cambi subito scompartimento, chiamo la polizia.»

«Questa è una sua prerogativa» replicò Bapuji. Poi, con tutta calma, sedette al suo posto. Non intendeva lasciarsi relegare in terza classe per il colore della sua pelle.

Il tizio scese dal treno e tornò accompagnato da un poliziotto e da un funzionario delle ferrovie. In tre sollevarono il nonno di peso e lo buttarono giù dal treno. Poi, ridendo compiaciuti, gli lanciarono addosso il bagaglio e indicarono al capotreno di partire.

Bapuji passò la notte nella stazione, tremando di freddo e interrogandosi sul da farsi.

«Non sono mai riuscito a capire che soddisfazione si possa trarre dall'umiliazione del prossimo» avrebbe scritto in seguito.

Non sono mai riuscito a capire che soddisfazione si possa trarre dall'umiliazione del prossimo.

Forse fu proprio durante quella lunga notte trascorsa all'addiaccio che mio nonno comprese la necessità di esporsi in difesa delle proprie convinzioni. Rassegnarci alle aspettative altrui non ci fa sentire felici o integri, e di certo non rende il mondo migliore. Nei giorni successivi cominciò a contestare apertamente i pregiudizi razziali e a conquistarsi un seguito. Scrisse contro la discriminazione degli indiani in Sudafrica e condannò le politiche razziste del governo.

Qualche anno dopo era già noto per la netta opposizione all'apartheid. Al suo ritorno da un viaggio all'estero approdò al porto con due navi cariche di operai indiani. Il governo sapeva che ci sarebbero stati disordini perché i bianchi non volevano permettere l'ingresso degli immigrati, ed erano furibondi con mio nonno per la sua difesa dei diritti universali. La capitaneria gli negò il diritto di sbarco per quasi due settimane e, quando finalmente poté scendere dalla nave, fu aggredito da una folla inferocita e picchiato selvaggiamente, riportando gravi ferite alla testa. Si salvò a stento, riparando in casa di un amico, dove lo aspettavano la moglie e i figli (tra cui mio padre). Aveva sperimentato sulla propria pelle i rischi che si corrono a prendere posizione, ma anziché lasciarsi intimidire, giurò che niente l'avrebbe fermato. Il pestaggio subito non contava quanto lo scopo ultimo.

La vicenda ebbe un esito imprevisto: quando la polizia arrestò alcuni degli uomini che avevano fomentato l'attacco, fu chiesto a Bapuji di sporgere denuncia, ma lui declinò.

«Così mi costringe a liberarli» gli disse il capo della polizia, allibito.

«D'accordo» replicò mio nonno.

Aveva deciso che se avesse contribuito a far incarcerare quegli uomini si sarebbe reso colpevole di perpetuare l'odio quanto loro. Forse una volta scoperto che non credeva alla violenza e alla vendetta, anche loro avrebbero cambiato idea. A volte è il silenzio la protesta più forte.

Al ritorno definitivo in India, Bapuji cominciò a indossare un *dhoti* di cotone e uno scialle al posto della giacca e della cravatta. Sosteneva di non avere diritto a possedere più di quanto avesse l'uomo più povero del paese. Non glorificava la povertà, e non era ingenuo in fatto di soldi; nei suoi viaggi organizzava raccolte di fondi destinati ai bisognosi. Ma capiva la differenza tra necessario e superfluo.

I miei genitori seguivano la sua filosofia, e durante la mia infanzia mi incoraggiarono a stringere amicizia con i figli dei braccianti neri che a Phoenix abitavano nei pressi del nostro ashram. Era un modo per contestare le sperequazioni economiche e per insegnarmi il senso delle proporzioni in merito alla ricchezza. Non avendo niente con cui giocare, io e i miei amici andavamo in cerca di scatole di fiammiferi e bottoni di camicia per costruire macchinine, oppure raccoglievamo l'argilla scura da un ruscello per plasmare statuine. Era bello creare qualcosa con le nostre mani, e noi tenevamo molto a quei giocattoli. I bambini di oggi ricevono continuamente nuovi gadget confezionati, di cui si stancano nel giro di pochi giorni.

I miei genitori mi avevano spiegato che il gioco deve essere costruttivo, perciò, quando cominciai a frequentare la scuola, mi impegnai a insegnare ai coetanei che vivevano nell'ashram a leggere, scrivere e far di conto. Loro erano impazienti di imparare: un nuovo mondo si spalancava davanti ai loro occhi.

I bambini americani si lamentano che la scuola è noiosa o monotona, ma per quei piccoli africani cui era negato il diritto di frequentarla, l'apprendimento era un miracolo.

Quando la notizia si diffuse nel circondario, cominciarono ad arrivare genitori africani da ogni parte della città per chiedermi di insegnare anche ai loro figli. Alcuni abitavano a più di quindici chilometri di distanza, e facevano tutta quella strada a piedi, insieme ai bambini, pur di offrire loro la possibilità di imparare. A un certo punto gli «allievi» diventarono così numerosi che i miei famigliari si unirono all'iniziativa. Nel giro di poco allestimmo una vera e propria scuola per i poveri. Per me era ingiusto che persone tanto desiderose di apprendere e di cambiare in meglio la propria vita non ricevessero alcun aiuto, e le mie lezioni pomeridiane diventarono una forma di protesta contro il sistema. Stavo osservando il precetto di Bapuji: «Sii il cambiamento che desideri vedere nel mondo». Si può protestare con le azioni oltre che con le parole.

Seguendo l'esempio del nonno, i miei genitori avevano fatto voto di povertà, perciò si accontentavano dello stretto indispensabile e non avevano risparmi. Eppure, al confronto con gli africani, la nostra era un'esistenza agiata.

Anche mia madre trovò un suo modo di contestare la disuguaglianza imperante con un'azione molto eloquente. Le mucche dell'ashram producevano più latte di quanto ne servisse alla comunità, così lei cominciò a venderlo ai poveri, fissando il prezzo a un centesimo per mezzo litro. Sempre a un centesimo, distribuiva anche le eccedenze di verdura che cresceva nel nostro orto e gli abiti smessi degli amici in città. Quando fui abbastanza grande, mi resi conto che quel prezzo era irrisorio: a quel punto, perché non farlo gratis?

«Il prezzo è accessibile a tutti, ma al tempo stesso rispetta la dignità di ciascuno e l'orgoglio di provvedere da soli al cibo e agli abiti per la famiglia» mi spiegò lei.

Il suo movente era la compassione, non la pietà, e il suo scopo era contribuire a rafforzare l'autostima dei beneficiari, affinché fossero certi di poter conseguire da sé i propri traguardi. La compassione è molto più efficace della pietà, perché la carità allontana mentre la solidarietà autentica permette di rapportarsi da pari a pari con gli altri. Mia madre, come il nonno, lottava per la dignità dei poveri.

Bapuji aveva un'eccezione alla regola del «farsi valere»: non permetteva a nessuno, compreso se stesso, di credere di aver sempre ragione o di non avere nulla da imparare dal prossimo. Le norme di vita nell'ashram erano improntate al principio di superare i pregiudizi e le divisioni, per promuovere la comprensione, l'accettazione e l'apprezzamento del valore unico di ciascuno.

Secondo Bapuji, per contestare in modo credibile l'ingiustizia e trasformare la società bisogna parlare per esperienza e sperimentare l'ingiustizia sulla propria pelle.

Lottare per ciò in cui si crede può metterti in una posizione precaria. Da adulto, in India, cominciai a studiare il pregiudizio perché mi incuriosivano gli assurdi compartimenti stagni in cui vengono incasellate le persone. Un giorno, una donna del Mississippi in viaggio venne a trovarmi nel mio ufficio di Mumbai e parlammo della questione razziale in America. Io ero interessato a scrivere uno studio comparativo sul pregiudizio in Sudafrica, in India e negli Stati Uniti. Nel mio paese natale avevo imparato che se non eri bianco eri nero, e quindi diverso. La mia nuova amica mi disse che nell'America di allora la discriminazione razziale opponeva gli afroamericani, discendenti degli schiavi, agli americani bianchi. In India la dirimente non era il colore della pelle, ma la casta di appartenenza, secondo un sistema che divideva le persone in classi rigorosamente ereditarie, come i bramini o gli intoccabili.

L'Università del Mississippi mi offrì una borsa di studio per realizzare la mia ricerca sul pregiudizio, perciò io e mia moglie ci trasferimmo negli Stati Uniti. Alla notizia che il nipote di Gandhi era arrivato in America, molte persone mi fecero l'onore di incontrarmi per chiedermi di Bapuji. Circa un anno dopo, nel 1988, fui invitato a tenere una conferenza nell'Università di New Orleans. L'ateneo aveva reclamizzato l'evento e la città era tappezzata di manifesti che annunciavano il «discorso di Gandhi sul razzismo». Per coincidenza, nello stesso periodo era in pieno svolgimento la campagna elettorale di David Duke, un razzista e membro del Ku Klux Klan, candidato al Congresso come deputato della Louisiana.

Quando il nostro aereo atterrò a New Orleans, quattro poliziotti salirono a bordo e l'altoparlante annunciò: «Il signor Gandhi si faccia avanti, per favore».

Mi alzai, tremando per la paura. Avevo forse commesso un reato? Gli agenti non offrirono spiegazioni, ma uno di loro disse: «È per la sua sicurezza». Scortato dai poliziotti, scesi dall'aereo e fui accompagnato in macchina all'università, dove, scoprii finalmente, erano giunte telefonate minatorie dal KKK, compresa la minaccia di un attentato per uccidermi.

Decidemmo che la conferenza si sarebbe tenuta comunque. Il pubblico fu sistemato a distanza di sicurezza – le prime file di posti rimasero vuote – e io potei salire sul palco solo all'ultimo minuto. Alla fine dell'incontro mi riportarono subito in aeroporto, e attesi il mio volo chiuso in una saletta vip, di nuovo sorvegliato a vista dagli stessi quattro poliziotti. Alla fine l'aereo arrivò. Gli agenti mi fecero imbarcare per ultimo, mi scortarono in prima classe – grazie a un biglietto omaggio della linea aerea – e dopo uno sbrigativo saluto militare si defilarono.

Quel giorno avevo imparato che parlare in difesa delle proprie convinzioni può causare sconvolgimenti, paura e conflitti ancor prima di raggiungere il cambiamento desiderato. A volte è più facile abbassare la testa e la voce, seguendo la corrente senza esporsi, accontentandosi della zucca bollita. Mio nonno però non l'aveva mai fatto. Negli anni subì pestaggi, aggressioni, detenzione e otto attentati. In un caso l'aspirante sicario fu fermato dai volontari del servizio d'ordine, ma Bapuji si rifiutò di consegnarlo alla polizia. Intavolò invece una discussione con lui, sforzandosi di capire per quale motivo volesse ucciderlo. Dopo quasi un'ora, dovette rassegnarsi all'evidenza: quell'uomo non intendeva né ragionare né cambiare idea. Così lo lasciò andare con queste parole: «Ti auguro buona fortuna. Se è mio destino morire per mano tua, nessuno potrà salvarmi, e se invece non lo è, non riuscirai a uccidermi».

Bapuji era pronto ad affrontare gli avversari e ad andare in carcere per le sue convinzioni. Quella forza nasceva dal bisogno personale di contestare un sistema ingiusto, e i suoi metodi nonviolenti portarono davvero al cambiamento.

Forse alcuni ritengono che la sua sia stata una vita di grandi privazioni. Dopotutto mangiava poco (o niente), abitava in una capanna di fango e si vestiva come un mendicante. Con la fama e l'ammirazione di cui godeva, avrebbe potuto vivere in una magione, circondato dall'esercito di domestici che mi ero aspettato di vedere al mio primo arrivo nell'ashram di Sevagram. Invece scelse di dedicarsi ai valori autentici, conducendo un'esistenza di abnegazione e compassione. Difese i principi universali della bontà, dell'amore e della pace, e la lotta in favore di quelle posizioni giuste e morali lo rese più felice di qualsiasi banchetto o reggia.

Alcuni potrebbero obiettare che con i suoi discorsi razzisti e incendiari anche David Duke stava dando voce alle proprie convinzioni e che avesse diritto di esprimersi quanto chiunque altro. La legge americana tutela la libertà di parola. Io però credo che sia una sciocchezza fingere che tutte le posizioni abbiano pari validità. Le persone piene di aggressività e di pregiudizi, i prepotenti che cercano di prevaricare le idee degli altri per imporre la propria portano solo dolore e disperazione nel mondo. E queste posizioni non andrebbero mai tollerate.

Da giovane mio nonno era molto timido, e all'inizio della sua militanza evitava di parlare in pubblico. Mi disse che quella timidezza si era rivelata utile, perché lo aveva reso cauto nella scelta delle parole. «È raro che un uomo taciturno si lasci trascinare dalla retorica» mi disse. «Al contrario, soppeserà ogni parola prima di pronunciarla.»

È raro che un uomo taciturno si lasci trascinare dalla retorica. Al contrario, soppeserà ogni parola prima di pronunciarla.

Vi raccomando di seguire il suo esempio e di essere sempre attenti a ciò che dite. Riflettete prima di parlare, domandandovi sempre se le vostre parole porteranno beneficio o dolore nel mondo. E quando avrete trovato quelle giuste, siate pronti a pronunciarle a gran voce.

lezione 3

APPREZZA LA SOLITUDINE

Ovunque andasse, Bapuji era sempre circondato da una folla che lo acclamava. Io non mi resi conto di quanto fosse venerato finché non lo accompagnai su un treno notturno per Mumbai. Ero molto emozionato all'idea di far parte del suo piccolo entourage e mi sentivo davvero speciale. Bapuji avrebbe voluto viaggiare in terza classe, ma le ferrovie insistettero per mettergli a disposizione una carrozza riservata. Non che ci fossero poltrone e cuscini. Sedevamo sulle stesse panche di legno di chiunque altro, ma almeno eravamo soli.

Alla prima stazione, sporgendomi dal finestrino vidi centinaia di persone stipate sul binario a intonare il suo nome e tendere le braccia nel tentativo di toccarlo. Un coro di voci cominciò a scandire: «Lunga vita a Gandhi!». Provai un impeto d'orgoglio, beandomi di gloria riflessa. Bapuji conservò sempre la sua umiltà, ma io non ci ero ancora arrivato. I suoi ammiratori erano così tanti, ed ero proprio al suo fianco! Quell'adulazione mi elettrizzava. Ma quando mi girai a guardare il nonno, notai che lui non ci teneva. Agitava una mano e rispondeva al saluto della gente, ma con l'altra tendeva un sacco di iuta per raccogliere elemosine destinate ai poveri. E tutti donavano qualcosa. Quando una donna disse: «Non ho soldi con me», lui indicò il braccialetto d'argento che portava al polso e rispose, con un sorriso: «Quello andrà benissimo». Senza fiatare lei si sfilò il gioiello e lo aggiunse alle donazioni.

Quando ripartimmo, Bapuji fece un profondo sospiro e si concentrò di nuovo sul suo lavoro. Ma alla stazione successiva ci attendeva una folla ancora più numerosa, e si ripeté la stessa scena. Ormai era notte fonda, eppure la gente continuò a riunirsi anche alla stazione dopo e a quella dopo ancora, e così per tutte le tappe del viaggio. I passeggeri che dovevano scendere faticavano a farsi largo tra la calca. Bapuji salutava, diceva qualche parola e raccoglieva fondi. Presto mi resi conto che per quanto lusinghiera, quell'adulazione era anche sfiancante. Non dava requie né a lui né alle altre persone a bordo del treno.

In seguito, continuando ad accompagnarlo nei suoi viaggi, scoprii che ogni sua apparizione pubblica richiamava folle oceaniche, di giorno come di notte. Se si spostava in macchina, la gente si assiepava ai due lati della carreggiata, per chilometri e chilometri, agitando le mani, piangendo e invocando il suo nome. Eppure nessuno annunciava il tragitto in anticipo, e all'epoca non esistevano certo i social network. Per la verità, gli abitanti dei villaggi non avevano neanche il telefono, quindi non so proprio come venissero a conoscenza del suo arrivo. Ogni volta che Gandhi lasciava il suo ashram era come se una forza misteriosa calamitasse la gente intorno a lui.

Mio nonno era felice dell'amore che gli veniva dimostrato, ma per motivi politici. Quelle accoglienze erano la prova che centinaia di migliaia, se non milioni, di persone erano pronte a seguire i suoi insegnamenti, a costo di qualsiasi sacrificio. Ma tutta quell'adulazione aveva un prezzo. Fuori dall'ashram, Bapuji non aveva mai un istante per sé. Qualunque città indiana visitasse, la folla lo tallonava invocando il suo nome, oppure aspettava ore pur di vederlo apparire. E quando accadeva, lui salutava gli astanti, pronunciava un breve discorso, e loro se ne andavano, subito sostituiti da un'altra ressa di gente.

Bapuji aveva l'abitudine di coricarsi presto, verso le nove, perché si alzava alle tre del mattino a meditare e cominciava la giornata con la preghiera delle cinque. Ma quando viaggiava, il suo alloggio era assediato dalla folla, che gli impediva di riposare. Era esasperante, anche se Bapuji non perse mai la calma e non si lasciò mai vincere dal nervosismo.

Molte persone sognano di diventare famose e immaginano che celebrità come George Clooney e Angelina Jolie ci godano a essere pedinate dai fan e dai fotografi. Credono sia fantastico essere sempre sotto i riflettori e avere milioni di ammiratori. Dopo aver viaggiato con Bapuji, anch'io mi sentivo un po' una celebrità, e lo ammetto, spesso era piacevole. Essere oggetto di tanto amore ti fa sentire importante e alimenta il tuo ego. Ma comprendo anche i motivi per cui alcune star implorano i fan di rispettare la loro privacy, o si ritirano su un'isola privata o in comunità sorvegliate dietro i cancelli di Hollywood Hills. Per quanto possano desiderare restare sulla ribalta, hanno anche bisogno di qualche momento di isolamento per ritrovare l'equilibrio.

I media di oggi trasformano in celebrità persone senza talenti particolari. Basta pavoneggiarsi in abito da sera su un red carpet o in microbikini su una spiaggia esotica e poi postare le foto sui social network per conquistare milioni di follower. A volte mi capita di vedere una «personalità» sulla copertina di una rivista e di non riconoscerla, ma se chiedo: «Che cos'ha fatto di particolare?», nessuno sa rispondermi. In passato per attirare folle e seguaci bisognava essere un attore, un politico o un benefattore. Quelle persone perseguivano una missione e la celebrità che ne derivava era soltanto un sottoprodotto con cui dovevano convivere. Mentre le star di oggi inseguono la fama per se stessa, nel tentativo di riempire il vuoto della loro vita con l'adulazione altrui. Invece di ottenere successo grazie al talento, al duro lavoro e agli ideali, sono famosi perché sono famosi, punto. E, diversamente dalle personalità autentiche, non cercano la solitudine, perché non sentono la necessità di ricaricarsi.

Bapuji non era circondato da un cordone di addetti stampa e guardie del corpo, e di certo non si nascose mai dietro siepi e cancelli. Dopo i cicli di conferenze e le apparizioni pubbliche, cercava rifugio nella quiete di Sevagram. Avrebbe potuto fondare il suo ashram in qualsiasi posto del mondo, ma scelse l'India centrale. La lunga camminata dalla stazione all'ashram, che feci in occasione della mia prima visita, mi aveva dimostrato quanto quel luogo fosse isolato, e Bapuji non fece mai nulla per facilitarne l'accesso. Anzi, chiese espressamente al governo locale di *non* istituire un collegamento di autobus con Wardha (la cittadina più vicina). Voleva che all'ashram arrivassero soltanto persone davvero determinate a cercare la Verità, e non soltanto quelli interessati a intravedere il famoso Gandhi.

Non serve essere un divo del cinema o un Mahatma per sentire il bisogno di solitudine, è un'esigenza comune a chiunque abbia un senso autentico della propria identità.

Scherzando, mio nonno diceva spesso che gli unici luoghi al mondo in cui potesse godere un po' di tranquillità erano il suo ashram e il carcere. Difendere la sua solitudine era l'unico modo che aveva di nutrire la pace interiore. Nel mondo frenetico e spesso invadente in cui viviamo, è essenziale avere un proprio luogo di ritiro, ma non serve cercarlo tanto lontano. Basta restare un'ora nella nostra stanza, senza distrazioni. Oppure sedersi sul letto ad annotare pensieri su un diario. Per crescere come individui, dobbiamo tutti fare l'inventario della nostra vita, meditare e riflettere. E dopo esservi concessi un momento privato di isolamento e introspezione, vi renderete conto che le vostre interazioni con gli altri sono più profonde e significative.

Nell'ashram, Bapuji aveva stabilito che il lunedì tutta la comunità rispettasse la regola del silenzio, per concedergli di dedicarsi alla scrittura. Ma negli altri giorni della settimana non si accontentava di un silenzio passivo: era un convinto sostenitore della riflessione e della meditazione attiva. Spesso si ritirava con il suo *charka* perché aveva scoperto che la disciplina fisica necessaria a filare lo aiutava a concentrarsi meglio sulla meditazione. Durante la mia permanenza diventai piuttosto bravo con l'arcolaio, e a volte lo sfidavo, per vedere chi finiva prima. A lui non dispiaceva la concorrenza. «Ormai Arun mi batte sempre» scrisse ai miei genitori, con grande soddisfazione.

Ma anche se talvolta lo tramutavo in una gara, il tempo che trascorrevo a filare e meditare era importante anche per me. Non sentivo il bisogno di chiacchierare in continuazione, e sapevo intrattenermi da solo per ore di seguito. Il nonno lodò questo tratto del mio carattere in una lettera ai miei genitori: «La capacità che ha Arun di mantenersi in silenzio è d'esempio per tutti noi».

Molti genitori credono di fare un favore ai figli, tenendoli sempre occupati. Dopo la scuola, riempiono le loro giornate di allenamenti di calcio o tennis, corsi di danza e ginnastica, lezioni di pianoforte e violino. Quei bambini passano senza sosta da un'attività all'altra, mentre avrebbero bisogno di un po' di tempo libero per pensare, giocare e scoprire chi sono. È bello arricchire l'esistenza dei più piccoli con esperienze diverse, ma di tanto in tanto bisogna anche concedere loro il dono della solitudine.

Molti conservano l'abitudine anche da adulti, e anzi si vantano della quantità di impegni con cui riempiono le giornate e del pochissimo sonno che si concedono la notte. Il multitasking è diventato la norma, come pure il ritmo frenetico della vita, senza mai un attimo di respiro in cui fermarsi, riflettere, ricaricare le energie. Non che tale atteggiamento sia una novità.

Un giorno arrivò nell'ashram un amico tedesco del nonno, e dichiarò che era uno spreco passare un terzo della vita dormendo. Bapuji non esitò a rispondere: «Al contrario, il sonno allunga la vita!».

Era convinto che non bisognasse accelerare il ritmo della nostra esistenza, semmai renderlo più pacato. I computer, gli smartphone e gli apparecchi digitali hanno reso tutto più veloce, ma c'è un rovescio della medaglia. Basta un istante per collegarci a persone lontane migliaia di chilometri, eppure le lunghe lettere che ci si inviava un tempo, ricche di dettagli sulle nostre famiglie e il nostro ambiente, hanno lasciato il posto a email telegrafiche e di contenuto esclusivamente pratico. Qualcuno di voi pensa davvero che comunicare tramite emoticon possa migliorare i rapporti umani e portare alla comprensione reciproca e alla pace?

I social network ci danno l'impressione di essere circondati da amici, ma in gran parte si tratta di rapporti privi di sostanza. Non possiamo chiedere aiuto a un «amico» che conosciamo soltanto in base alla sua foto su Facebook, e un tweet non può bastare per convertire gli interlocutori alla tolleranza o alla non discriminazione. Migliaia di rapporti sparsi non producono una società coesa.

Tuttavia sarebbe sbagliato anche condannare in toto le tecnologie. Se usati nel modo corretto, i sistemi di comunicazione di cui disponiamo oggi possono portare cambiamenti positivi. Qualche anno fa partecipai, con il mio amico Deepak Chopra, a un convegno sulla pace tenutosi a Berlino. Mentre ascoltava gli interventi degli oratori, Deepak ne riportava i punti salienti sul suo smartphone, e di tanto in tanto annunciava: «Il vostro messaggio ha raggiunto due milioni di persone». Io ero felice che il mio amico avesse due milioni di follower, e usarli per diffondere un messaggio di pace era senza dubbio più costruttivo dei molti altri utilizzi che se ne fanno oggi.

Sono certo che anche mio nonno avrebbe sfruttato Twitter e Facebook e tutti gli altri social per diffondere il suo messaggio, così come a suo tempo usò la radio. Ma cliccare «mi piace» sotto un post non servirà a cambiare il mondo. I media sono utili soltanto se spingono le persone a un'azione concreta. Si dice che la Primavera araba sia stata organizzata grazie ai social network. La repressione in Medioriente impediva di accedere ad altri mezzi di comunicazione, e la scintilla accesa online propagò l'incendio. Ma per determinare un vero cambiamento, le persone scesero in piazza e iniziarono a confrontarsi guardandosi in faccia. Purtroppo gli stessi strumenti sono stati impiegati anche per radicalizzare molti giovani arabi verso il male. I media sostengono che alcuni siano diventati kamikaze perché adescati dalla promessa degli stuoli di vergini che li avrebbero attesi nell'aldilà. Non credo che i giovani musulmani potessero abboccare a una teoria tanto assurda. Piuttosto, ritengo sia stata la combinazione di regimi repressivi e regole religiose intransigenti e di pregiudizi nei paesi di adozione ad aver reso la loro vita talmente intollerabile da far sembrare preferibile la morte. La mia unica speranza è che il messaggio di pace – a prescindere dal mezzo di trasmissione: radio, televisione o Twitter – possa diventare più potente di quello dell'odio e della disperazione.

Il nostro è un mondo interconnesso, eppure le persone sembrano più sole che mai. Nei nostri viaggi, a volte io e Bapuji scambiavamo le nostre impressioni oppure restavamo in silenzio, ciascuno immerso nei propri pensieri. In altre parole, potevamo interagire in modo diretto oppure godere la solitudine, contemplando il paesaggio o concentrandoci sulla nostra interiorità. Oggi la gente passa ogni momento libero con lo sguardo incollato allo smartphone: non è mai né davvero sola né in contatto autentico con il prossimo.

Bapuji invece praticava l'attenzione al qui e ora. Quand'era con qualcuno si concentrava soltanto su di lui, per ispirarlo, capirlo e condividere idee. Se era nell'ashram, si ritirava in solitudine per ricaricare le energie, ritrovare il contatto con se stesso e la lucidità mentale attraverso il silenzio. Io mi sono impegnato, e m'impegno tuttora, a seguire il suo insegnamento di essere sempre presente nel momento in cui mi trovo. La tecnologia invece ci tiene sospesi in uno stato intermedio, alienati dal prossimo (perché siamo sempre incollati al cellulare) eppure mai davvero soli (perché anche in assenza delle persone ci distraiamo a scrivere messaggi). Questo limbo tecnologico ci porta alla deriva.

A volte, in un ristorante o in un parco, mi capita di vedere genitori così impegnati con il telefono da ignorare i propri figli. Non so quali messaggi urgenti debbano mandare in ufficio o a un amico lontano, ma di certo ne trasmettono uno forte e chiaro ai loro bambini: non sei degno della mia attenzione. Sono scene che mettono tristezza e mi fanno apprezzare ancora di più la fortuna di avere avuto dei genitori e un nonno attenti e affettuosi. Il mondo intero aspettava una sua parola, ma quando Bapuji era con me, niente poteva distrarlo. Mi faceva sentire ascoltato e importante. Se prestate ai bambini la vostra completa attenzione quando ne hanno bisogno, state anche infondendo loro la sicurezza necessaria a rendersi indipendenti quando sono soli.

Bapuji era convinto che si dovrebbe dedicare del tempo al perseguimento della Verità: un investimento prezioso, che per lui coincideva con lo scopo ultimo della vita. Se ci impegniamo a ricercare la Verità, ci avvicineremo a comprendere il reale significato dell'esistenza. Lui stesso ammetteva di averla solo intravista per qualche breve istante ma, nelle sue parole, quella visione aveva un fulgore «un milione di volte più intenso del sole che vediamo ogni giorno con i nostri occhi». Ma per quanto abbagliante, non potremo riconoscere quella luce se il nostro sguardo è sempre distratto o concentrato sull'irrilevante. Il rumore del conformismo sovrasta il silenzio della Verità.

Molti musicisti e artisti dicono di essere stati colti dall'illuminazione creativa nei momenti più impensati, magari sotto la doccia o nel dormiveglia. Alcuni scrittori tengono un quaderno sul comodino per annotare parole e immagini emerse in modo spontaneo durante la notte. Docce e letti non hanno niente di magico, è solo che spesso sono gli unici luoghi in cui ci troviamo da soli e la nostra mente può vagare libera, e risolvere i problemi. Da Bapuji ho imparato l'importanza di essere connessi col mondo, con le persone, e di fare le proprie esperienze, ma anche che per dare un senso a tutto questo serve la solitudine.

Dopo esserci stabiliti negli Stati Uniti, io e mia moglie Sunanda fondammo un istituto per la nonviolenza, l'M.K. Gandhi Institute for Nonviolence e in seguito il Gandhi Worldwide Education Institute, un centro finalizzato alla promozione dell'istruzione nelle aree depresse del mondo. Per molti anni ho avuto l'onore di essere ospite al Renaissance Weekend, un ritiro annuale riservato ai leader del mondo degli affari, della politica e delle arti. È noto come il «nonno di tutti i festival delle idee», e tra i partecipanti si contano ex presidenti, atleti olimpionici e premi Nobel. Frequentando i laboratori e le conferenze dedicate al miglioramento delle politiche pubbliche insieme a quel gotha di menti illustri, mi sentivo stimolato e pieno di energie. Ma sapevo che per dare vera vita alle visioni che mi avevano ispirato dovevo tornare a casa e impegnarmi a rifletterci e condividerle con gli altri. Dovevo trovare il giusto equilibrio tra i suggerimenti altrui e il mio silenzio interiore, altrimenti sarebbe rimasto tutto a un livello di pura astrazione.

Essere al centro delle attività, del dinamismo e delle idee può farci sentire elettrizzati, ma bisogna stare attenti a non lasciarsi distrarre dai dettagli secondari. In ogni situazione, e per quanto indaffarato, cerco sempre di seguire l'esempio di Bapuji, ritagliandomi un po' di tempo in solitudine per riflettere e meditare. Molti arricciano il naso quando accenno alla meditazione: «Non è roba che fa per me». Forse il termine la fa apparire troppo spirituale, o una pratica che richiede tonache fluttuanti e cortine di incenso. Be', vi garantisco che potete praticarla anche in tuta, seduti su una panchina del parco: meditazione significa soltanto prendersi una pausa per riflettere sulla nostra vita. E io cerco di farlo ogni volta che è possibile. Concentro il pensiero sulla mia interiorità e ragiono sulle cose che contano per il mondo e sugli obiettivi che vorrei conseguire, per me stesso e per gli altri.

Ora che sono più vecchio, so che per me è importante vivere secondo i principi di pace e di amore, e darne l'esempio. Ho cominciato a definirmi un «coltivatore di pace» perché come i contadini cerco di gettare semi nella speranza che germoglino e diano buoni frutti. Diffondo i miei semi di pace e nonviolenza tra i giovani, e prego affinché fioriscano. Non conto i «mi piace» sul profilo di Facebook o le condivisioni su Twitter.

Mi interessa che il mio messaggio sia autentico e serva al prossimo quanto a me.

Un giorno mio nonno mi disse: «Io ringrazio il cielo di essere me stesso, e spero che sia così anche per te».

È una preghiera che recito ogni giorno. Dovremmo tutti essere grati della nostra identità. Fin troppo spesso, da piccoli e da adulti, ci confrontiamo con chi sembra avere più di noi: più ricchezze, più fama, più giocattoli. Ma se apriamo gli occhi, vedremo anche la tristezza e la povertà che ci circondano, e capiremo quanto sono preziosi i nostri talenti per fare la differenza.

Io ringrazio il cielo di essere me stesso,
e spero che sia così anche per te.

Quei momenti di silenzio e solitudine, lontani dal frastuono della folla e dalle aspettative altrui, sono essenziali per dare una giusta prospettiva alle nostre esperienze.

Quando ci confrontiamo con le persone vicine o con le celebrità, perdiamo di vista il quadro più vasto. Non troviamo più una giusta collocazione nel mondo. Ai nostri giorni è difficile mantenersi immobili e in silenzio, persino a me capita di venire sopraffatto dalle distrazioni.

Siamo circondati dalla musica, dai podcast, dai video, e la tentazione di passare il tempo a navigare in rete è quasi irresistibile. Gli esperti dicono che abbiamo prodotto più dati negli ultimi due anni che in tutti i secoli e i millenni precedenti. E tutte quelle interferenze rendono persino più urgente la necessità di trovare una piccola oasi di silenzio per noi stessi.

Oggi mi succede spesso di tenere conferenze nelle università, luoghi dove i giovani di diversa etnia, religione, convinzione e cultura dovrebbero vivere e apprendere insieme. Ma per quanto l'amministrazione cerchi di incoraggiare la diversità con politiche di ammissione più aperte, spesso sono proprio gli studenti a minare questi sforzi. Si uniscono in confraternite insieme ad altri uguali a loro ed esigono zone «protette» nelle aule per non provare mai il disagio di confrontarsi con chi è diverso da loro. Ho saputo di scuole che diramano «avvertimenti» in merito a un libro o a un corso, per evitare che gli studenti restino traumatizzati da un'idea che non condividono. Ma allora come fanno a imparare? Troppi college si sono rassegnati a questa chiusura mentale.

L'istruzione non dovrebbe limitarsi a impartire nozioni e a preparare a una carriera redditizia. Mio nonno sarebbe molto infelice vedendo quanto sono diventati chiusi e diffidenti gli studenti di tante delle migliori accademie americane.

Per lui solitudine non significava chiudersi alle nuove idee o alle persone che la pensavano in modo diverso.

Al contrario, Bapuji era un grande fautore della libera circolazione delle idee. Prestava ascolto a tutti, e poi utilizzava i suoi momenti di isolamento per soppesare con attenzione ogni posizione e decidere quale direzione prendere.

Gli piaceva confrontarsi a viso aperto con chi sosteneva altre opinioni, e sono certo che resterebbe sconcertato dagli studenti di college che abbandonano l'aula quando non sono d'accordo con qualcosa.

Dal punto di vista intellettuale, uno «spazio protetto» è la cosa più pericolosa che ci sia, perché ti impedisce di conoscere altre prospettive e differenti approcci. È un vivaio di pregiudizi e incomprensioni. Bapuji ammirerebbe senz'altro gli atenei come l'Università di Chicago, che si sono opposti alla pretesa degli studenti di isolarsi dalle idee e dalle visioni diverse dalle loro.

La tua mente dovrebbe essere come una stanza
con molte finestre. Permetti alla brezza di entrare
da ogni direzione, ma senza mai lasciarti trascinare
da una parte o dall'altra.

«La tua mente dovrebbe essere come una stanza con molte finestre» ripeteva spesso Bapuji. «Permetti alla brezza di entrare da ogni direzione, ma senza mai lasciarti trascinare da una parte o dall'altra.» Credo che sia un consiglio assolutamente vitale. È essenziale spalancare la nostra vita alla brezza delle informazioni, dei concetti e dei diversi punti di vista, senza però permettere che ci travolga. Tenere la mente aperta non significa accettare qualsiasi cosa in modo passivo, ma sapere quant'è importante l'ascolto.

Uscite nel mondo ad assorbire tutte le idee possibili. Poi ritiratevi in voi stessi e decidete in silenzio come impiegare quelle idee per rendere il mondo migliore.

lezione 4

SII CONSAPEVOLE
DEL TUO VALORE

Oggi molte persone hanno un'immagine caricaturale di mio nonno, come un santone che aveva rinunciato a tutti i beni materiali e si aggirava per il mondo in mutande. Perciò potrebbe sorprendervi sapere che Gandhi era perfettamente cosciente del valore del denaro. Aveva ben chiaro che la forza economica sarebbe stata determinante per l'indipendenza dell'India, perché era consapevole che la libertà è inutile se non puoi mantenere te stesso e la tua famiglia.

Nell'ashram, come abbiamo visto, non c'erano distinzioni sociali: l'intera comunità si atteneva alle medesime regole di assoluta frugalità. Ogni mansione – dalla coltivazione dell'orto alla pulizia delle latrine – veniva svolta a turno o in gruppo, e per mangiare, studiare e conversare sedevamo tutti per terra. Nessuno serviva gli altri durante i pasti. Ciascuno portava il proprio piatto, la ciotola, la tazza e le posate, e in seguito li lavava da sé. Nessuno si sentiva discriminato, poiché le condizioni di vita erano uguali per tutti. Gandhi sapeva che basta poco per essere felici. I guai cominciano quando, paragonandoci agli altri, ci convinciamo che abbiano di più e di meglio rispetto a noi, e che valga la pena combattere per impadronircene. Perciò si rendeva conto che mettere fine alle disparità economiche sarebbe stato un enorme passo avanti per ridurre l'aggressività nel mondo. Non si può predicare la nonviolenza senza al tempo stesso riconoscere il rancore provocato dall'ineguaglianza.

Bapuji aveva improntato la sua vita alla semplicità, a cui non rinunciava nemmeno quando si trovava a colloquio con i potenti del mondo. Nel 1930 andò a Londra per partecipare alla prima tavola rotonda organizzata dal governo inglese per discutere del futuro dell'India. Come sempre indossava il *khadi*, un abbigliamento artigianale simbolo dei prodotti lavorati su telai a mano che stava incentivando come forma di sostentamento per le famiglie contadine più povere.

Il movimento del *khadi* aveva preso piede, e i suoi effetti erano diventati sensibili sull'industria tessile inglese. Poiché sempre più indiani manifestavano la propria voglia di indipendenza realizzando da soli i propri abiti, gli inglesi non potevano più monopolizzare il mercato, rivendendo a prezzi proibitivi i tessuti lavorati dal cotone indiano comprato all'ingrosso.

I partecipanti alla tavola rotonda furono invitati a Buckingham Palace, e mio nonno si presentò con il *dhoti* e lo scialle. Gli addetti al cerimoniale si scandalizzarono: la sua tenuta non sembrava proprio adatta a un'udienza con il re. Davanti alle loro proteste Bapuji si limitò a sorridere e rispose che se re Giorgio non l'avesse ricevuto per il suo abbigliamento, allora lui si sarebbe semplicemente rifiutato di partecipare al negoziato. Venuta a conoscenza di quello scambio, la stampa ci ricamò sopra. «Gandhi seminudo al ricevimento reale!» strillò un titolo in prima pagina. L'idea di mio nonno che passeggiava sui tappeti color cremisi di Buckingham Palace in *khadi* e sandali era irresistibile. Re Giorgio si presentò in completo formale da giorno, con la giacca scura e i pantaloni a strisce, e la regina Mary in un abito lungo da pomeriggio, color argento. Alla domanda se si sentisse un po' spoglio, col solo *dhoti* al cospetto del re, Bapuji diede una risposta scherzosa divenuta celebre: «I vestiti del re bastano per tutti e due».

Ai suoi occhi non era sbagliato desiderare di raggiungere il successo economico, l'errore consisteva nel non portare in vetta gli altri con sé. A lui il denaro non interessava, tuttavia era realista e sapeva che per realizzare un progetto servono fondi. Perciò escogitò un piano. Ogni sua apparizione pubblica richiamava folle oceaniche, e alle sue funzioni di preghiera partecipavano credenti di ogni fede – induisti, musulmani, cristiani, ebrei e buddisti –, e tutti gli chiedevano un autografo. Così decise di vendere la sua firma a cinque rupie (meno di dieci centesimi di oggi), destinando il ricavato ai programmi sociali e educativi.

La prima volta che lo accompagnai in uno dei suoi viaggi, mi incaricò di raccogliere i libretti degli autografi e di consegnarglieli per la firma insieme al denaro. Ero emozionatissimo! Stare al suo fianco e dare un contributo alla causa mi faceva sentire molto importante.

Nei tempi precedenti l'avvento dei selfie e degli smartphone, la firma delle persone famose era un bene raro e speciale, in alcuni casi persino prezioso. E dopo aver svolto il mio incarico per qualche giorno, pensai che anche a me spettasse un autografo del nonno. Soldi per comprarlo non ne avevo, e non ero sicuro che Bapuji mi avrebbe riservato un trattamento speciale, ma pensai di tentare comunque. Dopotutto anch'io mi stavo prodigando per lui, giusto? Raccolsi una quantità di cartoncini colorati, ne ricavai un libretto di autografi e lo «rilegai» con una cucitrice. Quella sera, dopo la preghiera, infilai il mio blocchetto artigianale insieme agli altri e lo portai dal nonno. Poi restai a guardarlo mentre li firmava uno dopo l'altro, sperando tra me che nella fretta non notasse la differenza.

Speranza vana.

Nelle raccolte di beneficenza il nonno teneva una contabilità meticolosissima. Quel denaro serviva per la sua opera. Perciò quando arrivò al mio libretto e non vide le cinque rupie si bloccò di colpo.

«Dov'è il denaro per quest'autografo?»

«Il libretto è mio, Bapuji, e io di soldi non ne ho.»

Lui sorrise. «Cercavi di ingannarmi, eh? Che te ne fai del mio autografo?»

«Tutti gli altri ce l'hanno...» risposi.

«Come vedi, però, tutti gli altri l'hanno pagato.»

«Lo so. Ma io sono tuo nipote!» insistetti.

«E io sono felice di essere tuo nonno, ma le regole sono regole. Gli altri pagano, e questo vale anche per te. Qui non si fanno eccezioni.»

Mi sentii ferito nell'orgoglio. Ci tenevo tanto a essere speciale! Così sbottai: «Non finisce qui, Bapuji! Presto o tardi riuscirò a strapparti una firma gratis. Non m'importa quanto ci vorrà: io non mi arrendo!».

«Ah, davvero?» I suoi occhi brillavano divertiti, e scoppiò a ridere. «Vedremo chi l'avrà vinta.»

La sfida era lanciata. Nelle settimane seguenti ricorsi a tutte le strategie possibili per indurlo a concedermi l'autografo. La mia tecnica preferita era interrompere i suoi colloqui con gli alti funzionari e i leader del mondo e sventolare in aria il mio libretto. Un giorno irruppi nella stanza e annunciai che mi serviva subito la sua firma per un documento. Invece di perdere la pazienza, Bapuji mi strinse al petto, mi tappò la bocca con una mano e proseguì imperterrito la conversazione. Il politico illustre con cui stava parlando restò allibito. Non sapeva come interpretare la nostra scenetta. Ero certo che il nonno avrebbe ceduto per sfinimento. Avrei dovuto riflettere, prima di sfidare un uomo che aveva tenuto testa all'impero britannico.

Il duello proseguì per parecchie settimane. Uno degli ospiti importanti del nonno si indispettì tanto per le mie interruzioni da schierarsi dalla mia parte. «Perché non gli concede quest'autografo, così la facciamo finita e il ragazzo la smette di disturbarci?» domandò al nonno, esasperato.

Ma Bapuji non avrebbe permesso a nessuno di interferire con il nostro rapporto. «La cosa non la riguarda» rispose senza scomporsi. «La faccenda è tra me e mio nipote.»

Non perse mai la calma e non mi ordinò mai di uscire dalla stanza. Avevo fatto davvero l'impossibile per provocarlo, ma il suo autocontrollo era assoluto.

In un'occasione, per placarmi, scrisse «Bapu» su un foglietto e disse: «Eccoti il tuo autografo».

«Ma non basta!» mi ostinai io.

«È il massimo che possa fare» disse lui, dimostrando la stessa tenacia che metteva in ogni aspetto della sua vita.

A lungo andare, cominciai a recepire il messaggio. Infine mi resi conto che non sarei riuscito a spuntarla e smisi di tormentarlo. Ma non mi sentivo sconfitto. Al contrario, ero orgoglioso. Sapevo che la questione non era uno scarabocchio su un pezzo di carta. Bapuji mi aveva impartito una lezione sul valore delle cose: una volta stabilito che la sua firma valeva cinque rupie, quel prezzo doveva essere uguale per tutti. Regalando il suo autografo lo avrebbe sminuito. E la nostra sfida mi aveva anche insegnato che, pur non avendo cinque rupie, valevo comunque moltissimo. Mio nonno mi aveva riconosciuto un rispetto pari a quello concesso ai capi di Stato. Non mi aveva umiliato, rimproverandomi o trattandomi come una scocciatura. Le mie richieste contavano quanto le loro e meritavano la stessa attenzione.

Bapuji non mi concesse mai il suo autografo, ma mi fece un dono ben più grande. Cominciò a riservarmi un'ora al giorno, per parlarmi e ascoltarmi. Le sue giornate erano fitte di impegni, e non so proprio come ci riuscisse, ma il fatto che trovasse sempre tempo da dedicarmi era la prova che con l'autodisciplina nulla è impossibile. Inoltre mi insegnò a organizzare il tempo allo stesso modo, usando un foglio per suddividere la giornata nei momenti riservati allo studio, al gioco, alle mansioni dell'ashram e alla preghiera, e appendendolo alla parete per rammentarmi che ogni minuto è prezioso.

Mi aiutò a capire il valore unico di ogni individuo. Irradiava amore e rispetto per tutti, giovani e vecchi, poveri e ricchi. E poiché trattava ciascuno con riguardo, mi insegnò anche a rispettare me stesso. A volte ci angosciamo al pensiero che gli altri siano migliori di noi e dimentichiamo di riconoscere le particolarità che ci rendono preziosi per il mondo. Ritrovata la sicurezza, possiamo riconoscere e onorare il valore di quanti ci circondano, a prescindere dalla posizione sociale che ricoprono o dal potere attribuito loro dai parametri materiali.

Alcuni studiosi della vita di mio nonno l'hanno descritto come un uomo contrario al progresso e alla ricchezza, ma questa è una lettura fuorviante della sua filosofia. Di nuovo, Gandhi non era indifferente al denaro, perché lo considerava un mezzo per aiutare i bisognosi ad affrancarsi da circostanze disperate. Tuttavia non lo usava come metro per giudicare il valore delle persone. Mai avrebbe pensato che una persona in abiti costosi o che viaggiava in prima classe fosse più importante di un'altra vestita di stracci che viveva sotto un ponte. Ho visto innumerevoli foto dei suoi incontri con i capi di Stato. Al confronto con il suo *khadi*, erano le alte uniformi, i petti coperti di medaglie, la profusione di gioielli, piume e cappelli a sembrarmi ridicoli. Bapuji non aveva bisogno di mettersi in maschera per dimostrare al mondo di che stoffa fosse fatto.

Se misurate il vostro valore in base al successo finanziario, finirete per sentirvi insignificanti. Provo compassione per chi ostenta macchine di lusso o ville faraoniche, perché so che sta cercando di riempire un vuoto interiore con beni materiali inadatti a colmarlo. All'estremo opposto, molti si considerano falliti perché hanno perso il lavoro o faticano a pagare l'affitto. Temono che gli amici più ricchi li guardino dall'alto in basso, e si vergognano della propria situazione. Tutti dobbiamo imparare a distinguere il nostro valore di individui da quello degli *oggetti* in nostro possesso.

Le persone che hanno fatto carriera e guadagnano molto hanno tutto il diritto di essere orgogliose del proprio successo, ma si sbagliano se credono che il conto in banca sia una misura affidabile per valutare le loro qualità. Potrebbe essere vero il contrario. «Materialismo e moralità sono inversamente proporzionali» insegnava Bapuji. «Tanto più aumenta l'uno, tanto più diminuisce l'altra.» E non perché considerasse immorale la ricchezza e onorevole la povertà in sé. Era contrario all'idea di concentrarsi soltanto sul guadagno materiale a discapito di tutto il resto. Se i soldi vi sembrano importanti, non c'è niente di male ad arricchirvi con un lavoro onesto. Solo, ricordate che nella vita c'è dell'altro.

Materialismo e moralità sono inversamente proporzionali. Tanto più aumenta l'uno, tanto più diminuisce l'altra.

Alcuni dei miei figli e nipoti portano avanti gli ideali di famiglia, in favore della nonviolenza e della solidarietà. Sono diventati attivisti e professionisti in ogni campo, e io sono fiero di tutti loro.

In India, un nipote avvocato difende le ragazze vittime del traffico di esseri umani e una nipote videoreporter lavora per sensibilizzare l'opinione pubblica sull'operato delle piccole organizzazioni attive nei villaggi. Negli Stati Uniti, un nipote è diventato un medico premuroso e devoto, ma io nutro lo stesso rispetto per un altro nipote, amministratore delegato di una nota società di investimenti di Los Angeles. Guadagna uno stipendio che io non potrei nemmeno sognare, si impegna nella beneficenza ed è consapevole dei suoi doveri nei confronti della comunità. Come ho detto, il denaro – poco o tanto che sia – non misura il valore di una persona.

Bapuji capiva che molte cause importanti – come eradicare la povertà e la discriminazione e offrire a tutti un'assistenza sanitaria migliore – richiedono grandi quantità di soldi. Non avrebbe mai reclamato un centesimo per sé, ma non aveva scrupoli a domandarne a sostegno della sua missione.

Così al mio primo arrivo negli Stati Uniti, nello stato del Mississippi, trassi ancora una vota ispirazione da lui. Il mio obiettivo era fondare una scuola di nonviolenza, e ne parlai con mia moglie Sunanda. Entrambi ci infervorammo al pensiero dei seminari, delle conferenze e delle lezioni che avremmo potuto offrire. La cosa più sensata ci sembrò istituire la scuola in un campus universitario, perciò scrissi a una quantità di rettori, proponendo il progetto. Non ottenni risposta. Forse ritenevano che l'idea fosse troppo utopistica, oppure avevano cestinato la busta senza aprirla.

Dopo un po' un collega mi mise in contatto con il rettore dell'Università Christian Brothers di Memphis, nel Tennessee, che mi fissò un appuntamento, si entusiasmò al progetto e mi offrì una sede per le aule e gli uffici all'interno del suo campus. Gratis! Mi sembrò un miracolo. Ero euforico, anche se il rettore disse chiaro e tondo che l'università non aveva fondi sufficienti a finanziare la mia scuola. Per quello avremmo dovuto arrangiarci da soli. Accettai di slancio, anche se non sapevo proprio come realizzare questo sogno.

Passai molte notti in bianco, sforzandomi di escogitare un modo per raccogliere il denaro necessario. Nella mente mi scorrevano le immagini di mio nonno che tendeva un sacco di iuta dal finestrino del treno, o vendeva autografi a cinque rupie l'uno... E di colpo mi venne l'illuminazione: l'autografo! A casa conservavo ancora un plico di sue lettere manoscritte, custodito in una scatola. Il governo indiano era già in possesso delle copie, ma gli originali si stavano deteriorando, perché non avevo i mezzi adatti a preservarli. Per me avevano un enorme valore affettivo, ma continuare a restarci aggrappato finché le pagine si fossero sbriciolate mi sembrava assurdo, mentre vendendole a un museo o a un collezionista ne avrei garantita la sopravvivenza e al tempo stesso avrei potuto guadagnare il denaro necessario a promuovere la causa della nonviolenza. «Come si sarebbe comportato Bapuji?» La risposta era ovvia.

Contattai la casa d'aste Christie's che fece una stima di centodiecimila dollari per l'intera corrispondenza. Il sogno stava diventando realtà. Un caro amico (e consulente legale) mi aiutò a registrare l'M.K. Gandhi Institute for Nonviolence come associazione senza scopo di lucro. Non intendevo usare nemmeno un centesimo dell'operazione per me stesso, perciò chiesi a Christie's di trasferire il ricavo direttamente sul conto del nostro nuovo istituto.

La direzione di Christie's annunciò la data di vendita del lotto e la notte stessa ricevetti una telefonata. Erano le due del mattino. Risposi con la voce ancora impastata dal sonno, ma mi svegliai subito: era l'ufficio della presidenza indiana. A quanto pareva, l'annuncio aveva scatenato un putiferio. Senza darmi il tempo di profferire parola, il segretario privato del presidente mi accusò di avere commercializzato il nome di mio nonno e pretese che ritirassi subito le lettere dall'asta. Cercai di spiegargli il piano che avevo in mente, ma forse a quell'ora non ero tanto eloquente. Infine mi resi conto che non stavo facendo breccia e riagganciai.

L'indomani il presidente diramò un comunicato stampa denunciandomi per lo sfruttamento del nome di Gandhi. Cominciai a ricevere lettere di insulti e minacce da ogni parte dell'India. Ero scioccato. Adesso sì che non dormivo più. Avrei voluto chiedere consiglio a mio nonno, ma la sua voce non riusciva a raggiungermi.

Una sera, sul tardi, ripensai ai discorsi di Bapuji sul fatto che tutti gli individui avessero pari valore e a come, posto di fronte a un dilemma, chiedesse spesso l'aiuto degli altri. Così scrissi una lettera aperta al «New York Times» per esporre il mio problema e domandare il parere dei lettori. La intitolai: «Che fare?».

La reazione della gente fu travolgente. Oltre il novanta per cento di chi si era preso la briga di leggere l'articolo e scrivere una risposta si schierò in favore del progetto. In India molti giornali ristamparono l'articolo e, nel giro di poco, anche l'opinione pubblica indiana invertì la rotta. Di colpo tutti cominciarono a lodarmi per avere seguito il vero spirito di Gandhi. Persino quelli che fino al giorno prima mi avevano insultato e aggredito ora mi coprivano di elogi e si complimentavano per il mio impegno.

La controversia, però, aveva spaventato parecchi potenziali acquirenti e, una volta battute all'asta, le lettere incassarono appena la metà della cifra stimata. Per ironia della sorte, a comprarle era stato proprio il governo indiano, il primo cui le avevo offerte, senza esito.

Bapuji credeva che ciascuno di noi è dotato di talenti speciali che però vanno usati non soltanto a nostro vantaggio ma per favorire l'avanzamento degli altri, adesso e in futuro. La pubblicità di una marca di gioielli dice che chi compra i loro orologi di lusso non ne è il vero proprietario: si limita a custodirli per la generazione successiva. Io non ne capisco granché di orologi costosi, tuttavia il concetto è valido anche per i nostri tesori interiori. Bapuji diceva spesso che non ha importanza come li abbiamo acquisiti – attraverso una buona istruzione, l'aiuto della famiglia o l'impegno personale – in ogni caso non ci appartengono. Noi ne siamo soltanto i custodi. I nostri talenti devono servire agli altri quanto a noi, e sono il nostro lavoro e la solidarietà a permetterne la trasmissione.

Qualche anno fa accompagnai un gruppo di studentesse e docenti del Wellesley College in viaggio in India. Volevo mostrare loro i progressi in atto nel mio paese e la differenza enorme che anche l'opera di un solo individuo può fare per migliorare la vita di chi è più svantaggiato. Dedicammo la prima tappa a una visita ad alcuni gruppi che prestavano assistenza agli abitanti delle baraccopoli di Mumbai, poi prendemmo un treno notturno per raggiungere una cittadina sorta intorno a una fabbrica di zucchero, dove un'associazione distribuiva aiuti e diffondeva speranze. Viaggiammo per chilometri, incontrando molte persone straordinarie, ma i nostri alloggi erano sempre molto spartani. Dopo un'intera giornata passata in autobus lungo sterrati polverosi, pernottavamo in stanze senza acqua corrente: per lavarci avevamo soltanto due secchi, uno di acqua calda e l'altro di acqua fredda. Dopo un po' le ragazze cominciarono a lamentarsi. Volevano passare almeno una notte in un albergo decente, che avesse una doccia per togliersi la polvere di dosso e un letto comodo per riposare.

Finalmente arrivammo in una grande città dov'era appena stato inaugurato un hotel a cinque stelle. Per promuovere l'albergo, la direzione ci offrì le stanze a metà prezzo, e fummo ben contenti di accettare. Nella hall, mentre aspettavano che il personale preparasse le camere, le ragazze non stavano più nella pelle dall'entusiasmo. Pregustavano già il lusso che le attendeva. Appena consegnate le chiavi, si precipitarono a godere tutti gli agi di cui avevano tanto sentito la mancanza.

Circa mezz'ora dopo, sentii bussare alla porta e, quando andai ad aprire, mi trovai davanti un gruppo di studentesse dall'aria contrita.

«Per favore, signor Gandhi» disse una di loro. «Non potremmo trasferirci in un posto meno di lusso?»

«Perché, cosa c'è che non va? Poco fa sembravate felici di essere qui.»

«Le stanze sono magnifiche, ma le finestre affacciano su una bidonville, dove la gente vive in miseria. Restare qui è in contraddizione con tutto ciò che abbiamo imparato questa settimana. Non è giusto avere tanto quando gli altri hanno così poco.»

Apprezzai molto la loro compassione, ma dissi che saremmo rimasti. Le immagini che le avevano angosciate erano un'esperienza preziosa. «Di solito viviamo negli agi, senza una finestra affacciata sull'altra metà del mondo. Questa sera non potrete chiudere gli occhi alla realtà, cosa che non dovremmo fare mai. Forse la visione del tragico divario che ci separa da loro vi resterà impressa, e ogni volta che vi tornerà in mente, sentirete di nuovo il bisogno di agire.»

A volte è difficile sapere cosa fare davanti all'enormità dei problemi del mondo. Quelle studentesse non potevano semplicemente scendere nella bidonville e invitare i suoi abitanti a passare la notte in albergo. Ma diventare consapevoli delle disuguaglianze è il primo passo per correggerle. O forse il primo passo è provare solidarietà per coloro che vivono sull'altro lato della strada, e riconoscerli come persone, con un valore unico e insostituibile. Quelle studentesse non consideravano più i poveri come una massa indistinta che si poteva trascurare o ignorare. Da quel momento in poi avrebbero saputo che tutti hanno diritto a un letto comodo e a una doccia calda.

Ammiro la gente come Bill Gates, che non si crede migliore perché è più ricca degli altri. Uno dei principi alla base della Bill & Melinda Gates Foundation è: «Tutte le vite contano allo stesso modo». E lo slogan è confermato ogni giorno da progetti concreti, la cui missione è restituire potere agli ultimi del mondo. La fondazione aiuta a trasformare vite offrendo assistenza sanitaria e istruzione, e sforzandosi di garantire la «sopravvivenza e il benessere» dei bambini. Bill Gates sarà anche uno degli uomini più facoltosi del mondo, ma non è il suo reddito a misurarne il valore. La sua ricchezza è dimostrata dalla cura che presta agli altri.

Bapuji parlava spesso della necessità di condividere i nostri talenti e la nostra buona sorte, e io sono certo che sarebbe stato felice di incontrare Bill Gates e di ringraziarlo per le sue buone opere. Avrebbe anche nutrito rispetto per le grandi aziende che si dimostrano responsabili verso il mondo, e non soltanto verso i loro azionisti. Un esempio che conosco per esperienza personale (ma so che ne esistono molti altri) è quello del Tata Group, con sede a Mumbai. È una delle più grandi conglomerate indiane, con circa trenta aziende che producono di tutto, dalle automobili all'acciaio, dal tè al caffè. Fu fondata dalla famiglia Tata nel 1868, che da allora la gestisce ispirandosi a quello che io chiamo «capitalismo compassionevole». Invece di vivere nel lusso, i Tata hanno adottato uno stile di vita modesto, e ogni anno devolvono una quota significativa dei propri introiti personali e aziendali per offrire ai poveri dell'India acqua potabile, migliori condizioni agricole e accesso all'istruzione. Nella città di Jamshedpur, sede dell'acciaieria Tata Steel, l'azienda fornisce quasi tutto ai suoi dipendenti. Qualche anno fa un dirigente commentò che i Tata sono talmente generosi nella loro offerta di servizi, alloggi, automobili e intrattenimenti (gestiscono persino l'ospedale e il giardino zoologico locali) che gli operai «devono solo portarsi appresso la moglie» (o il marito).

I Tata sono zoroastriani, membri di un antico movimento religioso sorto in Persia (l'odierno Iran). Come accade spesso con le diverse confessioni, i fedeli affrontarono persecuzioni spaventose dopo la presa di potere delle sette rivali, e nel VII secolo molti fuggirono dal paese. Una barca intera di profughi approdò sulla costa occidentale dell'India, chiese udienza al re e domandò il permesso di stabilirsi sulle sue terre. Ma il sovrano indicò un bicchiere pieno d'acqua sul tavolo e disse: «Il mio regno è pieno di gente quanto quel bicchiere. Non c'è più posto per nessuno».

Per tutta risposta, il portavoce della delegazione di profughi versò un cucchiaino di zucchero e lo mescolò all'acqua. «Come questo zucchero, anche la mia gente si mischierà alla comunità, rendendola più dolce» disse. Il re comprese, e permise ai profughi di restare. Da allora gli zoroastriani hanno addolcito la vita della comunità indiana.

È un aneddoto molto bello, e tutti sorridono quando lo sentono raccontare. Ma non deve restare soltanto una favola. La risposta del sovrano è la stessa che oggi in tutto il mondo si sentono dare i profughi, i poveri, le persone di un'altra religione, razza o etnia. Perché non riusciamo ad accettare che ogni comunità ha bisogno dell'aggiunta di un po' di zucchero e spezie?

Pensate alla differenza che voi stessi potete fare per quel bicchiere d'acqua, e adottate come principio di vita quello di renderlo più dolce.

lezione 5
LE MENZOGNE SONO
UNA ZAVORRA

Bapuji soffriva di ipertensione e credeva solo nella medicina naturale. Nel periodo del mio soggiorno all'ashram, trascorse qualche tempo in una clinica di cure olistiche nella città di Poona, dove si respirava aria pura e il clima era più mite. E con mia grande gioia mi portò con sé. Avrebbe dovuto riposare e recuperare, ma varie personalità continuarono a fargli visita per chiedergli consiglio.

Una mattina, dopo la preghiera e lo yoga, sedetti sui gradini della clinica a godermi la frizzante aria mattutina e il profumo dei fiori. Ero immerso nei miei pensieri quando qualcuno mi sorprese, abbracciandomi alle spalle. Mi girai di scatto e mi trovai davanti Jawaharlal Nehru, destinato a diventare presto il primo ministro dell'India indipendente. Era già celebre in tutto il mondo e da noi era considerato secondo per importanza solo a Gandhi. Era la prima volta che lo vedevo di persona e restai ammutolito dall'emozione. Alla presenza di mio nonno mi ero abituato, ma mai avrei pensato di conoscere Nehru!

«Buongiorno» disse. «Avresti voglia di farmi compagnia a colazione?»

«Certo, volentieri» risposi. Mi alzai, sforzandomi di apparire calmo, e lui mi accompagnò al ristorante tenendomi un braccio sulle spalle.

A tavola, diede una rapida scorsa al breve menu e mi chiese che cosa desiderassi.

«La stessa cosa che mangia lei» farfugliai.

«Io ordino un'omelette, ma nel tuo caso dubito che il nonno approverebbe» obiettò. Sapendo che Bapuji era rigorosamente vegano, e non toccava né uova né pesce, aveva dato per scontato che anch'io fossi stato educato allo stesso modo. In effetti era vero, ma io volevo fargli una buona impressione, e chissà perché mi sembrava essenziale mangiare quello che preferiva lui.

«Per il nonno non sarà un problema» dichiarai.

Nehru stimava troppo Bapuji per rischiare di offenderlo, perciò mi disse di chiedergli il permesso prima di ordinare.

Scattai in piedi e corsi in camera sua. Lui stava conducendo una discussione molto seria con Sardar Patel, che sarebbe diventato vicepremier dell'India indipendente durante il primo ministero di Nehru. Ma in quel momento la colazione mi sembrava molto più importante del destino della nazione.

«Bapuji, posso mangiare un'omelette?» domandai tutto d'un fiato.

Lui si girò, rivolgendomi uno sguardo sorpreso. «Hai mai assaggiato le uova prima d'ora?» chiese.

«Sì. In Sudafrica.» Era una menzogna sfacciata, ma mi era salita alle labbra con perfetta naturalezza.

«D'accordo, allora fai pure.»

Problema risolto! Corsi di nuovo da Nehru e annunciai di avere avuto il permesso del nonno.

«Strano» commentò, ma ordinò l'omelette. La colazione mi sembrò un autentico trionfo. Le uova non mi erano piaciute granché, ma era bastata una piccola bugia per sembrare un adulto sofisticato agli occhi di Nehru (o, almeno, era ciò che credevo io).

Qualche settimana dopo, a Mumbai, io e Bapuji fummo ospiti nella sontuosa residenza della famiglia Birla, una ricchissima dinastia di industriali indiani. Era una villa davvero sfarzosa, e talmente diversa dall'ashram che non riuscivo a credere di essere davvero lì. Passai un pomeriggio a esplorare i giardini, affacciati sulla vasta distesa dell'Oceano Indiano. Intanto, a mia insaputa, arrivarono i miei genitori e salirono al primo piano per salutare Bapuji. Io lo scoprii solo in seguito, ma appena li vide il nonno domandò loro se in Sudafrica mangiavo uova, e gli risposero: «Certo che no!».

A quel punto il nonno mandò Abha, un'altra parente che viaggiava con noi, a cercarmi. Mi sorprese in giardino, perso nei miei sogni a occhi aperti. «Bapuji vuole parlarti. Ti conviene sbrigarti a raggiungerlo, perché sei in guai seri.»

«Perché, che cos'ho fatto?» domandai perplesso. Mi ero così impegnato ad assumere un comportamento modello.

«Non ne ho idea» rispose lei, stringendosi nelle spalle.

Nella stanza del nonno trovai i miei genitori, inginocchiati e a testa china. Non alzarono lo sguardo quando entrai. L'atmosfera era solenne. Per un momento Bapuji mi sembrò minuscolo in quella camera enorme e dorata. Ma la sua forza non veniva dalla mole fisica.

Mi indicò di avvicinarmi, mi fece sedere al suo fianco e mi appoggiò un braccio sulle spalle. «Ricordi quel giorno a Poona, quando volevi il permesso di ordinare un'omelette?» domandò. «Avevi detto di aver già mangiato le uova in passato, perciò non mi ero opposto. Ora ne ho chiesto conferma ai tuoi genitori, e loro dicono di non avertele mai concesse. A chi dovrei credere, secondo te?»

Il mio cuore accelerò i battiti. Non volevo che Bapuji perdesse fiducia in me, quindi mi sforzai di trovare una giustificazione plausibile. «A casa mangiavamo torte e pasticcini, e quelli si preparano con le uova, giusto?» dissi in tono speranzoso.

Il nonno restò a guardarmi per un momento, riflettendo sulle mie parole, poi scoppiò in una risata di cuore. «Diventerai un brillante avvocato, ragazzo mio. E avrai tutto il mio sostegno. Ora va' a giocare» concluse, battendomi una mano sulla spalla.

Mi affrettai a obbedire, senza incrociare lo sguardo di nessuno. L'avevo passata liscia, eppure l'angoscia provata mi restò impressa. A distanza di tanti anni, ricordo ancora l'episodio come se fosse accaduto ieri. Spesso una bugia sembra la via più rapida per cavarsi d'impiccio, ma nel mentire agli altri stiamo anche ingannando noi stessi. Faremmo molto meglio ad ammettere subito la verità. A Poona avevo finto con Bapuji che mangiare un'omelette non fosse un grande problema, e avevo raccontato la stessa cosa anche a *me stesso*. In genere non decidiamo in modo intenzionale di mentire. Semmai troviamo il modo di convincerci che il nostro comportamento è legittimo. Nascondiamo la verità a noi come a tutti gli altri.

Evitare di dire bugie è difficile perché impone di riconoscere e di ammettere i nostri desideri. Quella mattina, a Poona, avrei reso un miglior servizio sia a me sia a Bapuji se avessi confessato di non aver mai mangiato le uova ma di essere curioso di provarle. Avrei potuto spiegargli che mi sentivo abbastanza grande da decidere da solo se essere vegano oppure no. Confessandogli la mia infatuazione per Nehru, avrei potuto parlarne con lui e chiarirmi le idee.

Spesso a indurci a mentire è la frustrazione di non essere al timone delle nostre vite. È una condizione abbastanza tipica per i bambini e gli adolescenti, da cui ci si aspetta che rispettino le regole stabilite dagli adulti. Non molto tempo fa ho sentito un ragazzino di dieci anni molto intelligente negoziare con i genitori quanto tempo ancora poteva restare al computer. Aveva appena imparato a scrivere programmi ed era impaziente di portare a termine un nuovo progetto, ma i genitori insistevano perché andasse a letto. Esauriti gli argomenti reali («Non ho ancora finito!»), cominciò a deviare verso le mezze verità («L'insegnante ha detto che dobbiamo consegnare il compito domani, anche a costo di lavorarci tutta notte!»). I genitori possono aiutare i figli a non mentire trattando i loro desideri in modo equo e rispettoso.

È importante che anche loro non si lascino andare alle menzogne solo perché sono più spicce della verità. Se danno il cattivo esempio, ingannandoli sulle piccole cose («Non ti accorgerai nemmeno dell'iniezione!»), insegnano ai bambini che dire il falso è una strategia accettabile.

Molti – grandi e piccini – alterano la verità quando si sentono impotenti, nella convinzione che una bugia li renderà più forti. Mentre invece li indebolisce. Non è escluso che riescano a passarla liscia, come accadde a me nel caso dell'omelette, ma anche se nessuno scoprisse la verità, la vittoria è comunque effimera. La menzogna mina il nostro senso di identità ed erode proprio il potere che stavamo cercando di acquisire. E finirà per convincerci che l'unico modo di imporci al mondo sia indossare una maschera invece di mostrare il nostro vero volto.

Da piccoli capita a tutti, ma in genere crescendo ne perdiamo l'abitudine, perché con gli anni acquisiamo abbastanza fiducia in noi stessi da esprimere in modo autentico le nostre convinzioni. Perciò si può perdonare ai bambini l'impulso di mentire, al contrario è desolante vedere i politici invischiati nella stessa rete, ad accumulare falsità su falsità. La loro vanità diventa più importante dell'integrità della posizione cui aspirano. Magari riusciranno a farsi eleggere, ma non diventeranno mai dei veri leader, perché al fondo di sé sono deboli e insicuri.

Conoscendo l'arco straordinario della sua vita è difficile non pensare a mio nonno come a un uomo assolutamente integerrimo, capace di resistere a qualsiasi lusinga e di non deviare mai dalla verità. Tuttavia la perfezione non è di questo mondo, e Bapuji sapeva che le bugie sono una debolezza connaturata agli esseri umani. Lui stesso aveva fatto ricorso all'inganno, da ragazzino, e forse fu per questo che non mi punì per la faccenda delle uova.

Quando aveva dodici anni, Bapuji cedette a una tentazione spesso irresistibile a quell'età: l'attrazione per il proibito. Nel suo caso si trattava della carne e delle sigarette.

Guardando gli altri, si era convinto che sbuffare fumo dalla bocca fosse un comportamento molto sofisticato. All'inizio provò a fumare i mozziconi recuperati. Poi decise che gli servivano autentiche sigarette indiane, e cominciò a raccogliere gli spiccioli in giro per la casa per comprarne un pacchetto. Ma le sigarette non impiegarono molto a perdere la loro attrattiva. Molto prima che il mondo scoprisse quant'è tossico il fumo, Gandhi lo definì «un vizio barbarico, lurido e dannoso». Non gli piaceva viaggiare sui treni insieme ai fumatori; diceva che il fumo gli toglieva il respiro.

Anche la carne lo spinse a un sotterfugio, ma per una causa un po' più nobile. Già ossessionato dal sogno della libertà indiana, Gandhi si domandava come sarebbe riuscito a tenere testa agli inglesi, tutti così grandi e grossi mentre lui era un bambino gracile e minuto. Un'offensiva filastrocca in voga a quei tempi sosteneva che la forza degli inglesi venisse dall'alimentazione carnivora, e che gli indù vegetariani non avrebbero mai potuto sconfiggerli. Il migliore amico di Bapuji, un musulmano, era della stessa opinione. «Se vuoi diventare grande e forte come gli inglesi e scacciarli dall'India, devi mangiare la carne» gli consigliò.

Così, per mettere su muscoli, Bapuji decise di seguire il suo suggerimento. In casa però non poteva farlo apertamente, perciò, per sfuggire all'attenzione dei genitori, lui e l'amico ordirono un piano. In gran segreto ripararono in un punto isolato sulla sponda del fiume, dove Bapuji assaggiò la carne per la prima volta. Il sapore non gli piacque per niente, e la notte fu tormentato dagli incubi; decise comunque di tener fede all'impegno preso. Per quasi un anno l'amico musulmano gli preparò piatti di carne di capra e di altri animali, e lui continuò a mangiarli di nascosto. Le menzogne si moltiplicavano. Di ritorno dai suoi pasti clandestini non aveva appetito, perciò a cena raccontava alla madre di avere mal di stomaco. Rubò persino una moneta d'oro al fratello per comprare altra carne.

Ma tutti quei sotterfugi lo facevano sentire in colpa. E a dispetto della dieta carnivora, non stava crescendo come aveva sperato. Alla riprova dei fatti, quel regime alimentare non l'aveva reso più forte rispetto all'abituale dieta vegana bilanciata, e alla fine si convinse a smetterla con la carne e con le menzogne.

Confessare una finzione che sostieni da molto tempo è dura, e per un po'
Bapuji dovette lottare con la sua coscienza. Gli mancava il coraggio di affrontare i genitori faccia a faccia, così scrisse una lettera in cui ammetteva
il suo inganno e chiedeva perdono. Ma poi esitò a consegnarla. A quel
punto suo padre era già malato e Bapuji aiutava la madre a prendersi cura
di lui. Una sera in cui erano soli in casa trovò la forza di dargli la lettera.
Suo padre la lesse e la rilesse, e presto entrambi si ritrovarono con il volto
bagnato di lacrime. Infine il padre lo strinse al petto e gli sussurrò: «Ti
perdono, figliolo».

Bapuji ripensava a quell'episodio con profonda tristezza. Nel raccontarlo
a me, sperava di insegnarmi che una piena confessione insieme all'impegno a non ripetere l'errore commesso può aiutare gli altri a recuperare la
fiducia perduta. Voleva anche dimostrarmi che la paura della verità è una
debolezza comune a tutti, ma che le menzogne sono fatte di sabbia: non
possono offrire fondamenta solide. Tutto ciò che còstruisci su quella base
è debole e pericolante. E se insisti sulla stessa strada, presto o tardi il tuo
castello di bugie finirà per crollarti addosso.

Bapuji aveva sperimentato in prima persona che è meglio affrontare le
ripercussioni della verità che vivere con il rimpianto di aver mentito. Sarebbe bello se bastasse impararlo una volta sola, purtroppo non è così.
Persino lui aveva dovuto ripetere l'esperienza più volte. Aveva mentito
sulle sigarette, poi sulla carne e sui soldi rubati, ma dopo averlo confessato
al padre, giurò a se stesso di non dire mai più falsità. In seguito avrebbe
scritto che la Verità ha un fulgore «un milione di volte più intenso del sole
che vediamo ogni giorno con i nostri occhi».

Trasse anche un collegamento interessante tra la menzogna e il concetto
complicato di *ahimsa*, una delle virtù cardinali di induismo e buddismo,
oltre che di altre religioni. L'*ahimsa* prescrive di non commettere mai atti
che siano lesivi degli altri e di noi stessi. Questo precetto costituiva la
base del movimento nonviolento di Bapuji, anche se il suo significato è

ancora più vasto, perché non comprende soltanto i danni materiali. Mio nonno riteneva che controllare l'impulso alla falsità e all'inganno fosse molto più difficile che rinunciare alla violenza fisica.

Come lui, anch'io ho dovuto ripetere l'esperienza un paio di volte prima di compiere la scelta definitiva di attenermi alla verità in ogni situazione. Ma ora che la decisione è presa, niente potrebbe più smuovermi. Ogni volta che sento le menzogne spacciate nei dibattiti politici resto sbalordito dall'ostinazione con cui certe persone cercano di distorcere la realtà. La scienza non avrà tutte le risposte, ma la nostra ricerca della Verità assoluta deve fondarsi sui dati più plausibili. Chi nega il riscaldamento globale o l'esistenza della discriminazione, o attribuisce agli immigrati l'aumento della criminalità, sta intenzionalmente ignorando i fatti per conquistare consensi, dichiarando falsità che fanno leva sull'emotività. Forse ha ragioni personali per opporsi all'immigrazione o sostenere la disuguaglianza sociale, ma dovrebbe almeno essere sincero nell'ammetterle a se stesso. È impossibile costruire un futuro per noi o per il nostro paese sulle fondamenta incerte dell'inganno. Bapuji diceva che era stata la devozione alla Verità a spingerlo in politica. Sarebbe bello se tutti seguissero il suo esempio!

Un mio conoscente dice di aver rinunciato alle bugie perché non era abbastanza intelligente da tenere il filo di tutte le sue frottole e da ricordare a chi le avesse raccontate. L'ingombro era diventato troppo. Quale che sia il vostro movente, aderire alla verità è una strategia molto più efficace che fingervi diversi da ciò che siete.

Gli americani ammirano le persone «autentiche», disposte a vivere fino in fondo la causa in cui credono. In questo contesto, mi è inevitabile pensare al nonno, che con un semplice scialle e i sandali attirò milioni di seguaci. Qual era il segreto del suo carisma? Credo la sincerità di cuore e l'autenticità della sua passione.

Ancora adesso la gente parla con venerazione della Marcia del Sale, organizzata nel 1930 come manifestazione di disobbedienza civile contro il colonialismo inglese. Il sale era un ingrediente essenziale dell'alimentazione indiana, ma agli abitanti del paese era vietato estrarlo o commerciarlo. Gli inglesi ne detenevano il monopolio, e per giunta imponevano una tassa molto onerosa al prezzo di vendita. L'abolizione di quella gabella diventò una rivendicazione chiave della campagna nonviolenta di mio nonno. Convinto da sempre che gli inglesi fossero abbastanza ragionevoli da accettare trattative e comportarsi in modo equo, scrisse una lettera accorata, in cui descriveva il problema e le ingiustizie che ne derivavano, e la inviò al viceré, il quale rispose con un biglietto di tre righe, intimandogli di non violare la legge.

«Ho chiesto pane in ginocchio, e ho ottenuto una pietra» dichiarò Bapuji ai suoi seguaci.

Annunciò il progetto di marciare per quasi quattrocento chilometri, fino al Mar Arabico. All'arrivo avrebbe sfidato la legge e raccolto il sale sulla sponda del mare. Quasi tutta la comunità dell'ashram avrebbe voluto accompagnarlo, ma lui scelse solo qualche decina di persone. La più giovane aveva sedici anni, la più anziana sessantuno: mio nonno. La mattina della partenza, tutti si alzarono prima dell'alba per salutarli. Altre migliaia di uomini e donne arrivarono dai villaggi vicini, oltre agli inviati della stampa europea, americana e indiana.

Lungo tutto il percorso, il nonno si fermò ogni giorno in una cittadina diversa per spiegare alla gente la sua missione, e ogni volta il corteo si ingrossava.

«Questa non è la battaglia di un uomo solo, ma di milioni di noi» disse in un villaggio davanti a una platea di trentamila persone venute ad ascoltarlo e a offrirgli il proprio sostegno.

Circa un mese dopo, quando arrivò a destinazione, Bapuji era accompagnato da decine di migliaia di uomini e donne. Ciò che avvenne in seguito è passato alla storia. Gandhi scese in riva al mare, si chinò e prese una manciata di sale dalla sabbia.

«Con questo sale, scuoto le fondamenta dell'impero!» affermò.

Aveva sfidato gli inglesi. Senza violenza o rabbia, aveva dimostrato che sottomettere un popolo è sbagliato. Mahadev Desai, l'amico che era al suo fianco, avrebbe riferito che dopo il gesto di Bapuji altri si fecero avanti per raccogliere il sale, ridendo, cantando e pregando. L'intera India aveva aderito alla protesta. Nel giro di poco gli inglesi intervennero, arrestando il nonno e circa sessantamila manifestanti. Ma il messaggio era già dilagato e altri milioni raccolsero il testimone, proseguendo la disobbedienza civile. Lungo tutta la costa, folle enormi di nazionalisti indiani si riunirono a prendere il sale. Non c'erano abbastanza celle nelle carceri per rinchiuderli tutti.

Mio nonno non era un oratore impetuoso e non aveva alle spalle un esercito o un partito politico organizzato. Eppure la verità profonda delle sue parole attirò migliaia di persone alla Marcia del Sale e conquistò milioni di seguaci alla causa della nonviolenza. È difficile resistere all'onestà e alla fede autentica.

La decisione di mettere da parte le menzogne per seguire la Verità potrebbe cambiarvi la vita, e forse anche il destino del vostro paese.

lezione 6
LO SPRECO È UNA FORMA DI VIOLENZA

Fu bello trascorrere quei giorni a Poona insieme a Bapuji. Io apprezzavo la solitudine dell'ashram, ma Poona era più grande di Sevagram, e mi piaceva passeggiare per i bazar e i negozi. Poiché il nostro soggiorno si prolungava, il nonno assunse per me un tutore. Un giorno, tornando da lezione, una vetrina attirò la mia attenzione: esponeva un magnifico assortimento di matite, e io desideravo moltissimo comprarne una. La mia era quasi consumata, perciò la buttai nei cespugli sul ciglio della strada. Quella sera dissi al nonno che mi serviva una matita nuova. Sembrava una richiesta da poco, ma a Bapuji non sfuggiva mai niente e osservò che quand'ero uscito, quella mattina, ne avevo una ancora utilizzabile. Dov'era finita?

«Ormai era troppo corta» risposi.

«Non mi era sembrato. Vediamo» disse lui, tendendo il palmo.

«Oh, non ce l'ho più» commentai con indifferenza. «L'ho gettata via.»

Lui mi guardò incredulo. «L'hai buttata? Allora devi andare a recuperarla.»

Quando gli feci notare che era già buio, mi consegnò una torcia. «Questa ti sarà d'aiuto. Se torni sui tuoi passi e ti impegni a cercarla, sono certo che riuscirai a trovarla.»

Sapendo di non avere scelta, m'incamminai, puntando il fascio di luce della torcia sulle erbacce e i canali di scolo lungo la via. Notando il mio strano comportamento, un passante chiese cos'avessi perso di tanto prezioso. Io mi sentivo ridicolo, ma gli dissi la verità: stavo cercando una matita semiconsumata caduta tra i cespugli. «È rivestita d'oro?» domandò, scoppiando a ridere.

Arrivato nel punto in cui mi ero fermato all'andata, cominciai a rovistare tra l'erba e la polvere. Impiegai due ore – o almeno credo: a me sembrarono un'eternità – ma quando finalmente scovai il mozzicone di matita sotto un cespuglio, non provai il sollievo di chi scopre un tesoro. Era la stessa matita consumata di cui avevo cercato di sbarazzarmi. Ero sicuro che, dopo averla vista, il nonno avrebbe capito che non valeva proprio la pena conservarla, e mi avrebbe dato ragione. Perciò corsi a casa pregustando la vittoria.

«Eccola, Bapuji. Vedi quant'è minuscola?»

Lui prese la matita, rigirandola tra le dita. «Non è poi tanto piccola. Per un paio di settimane può ancora bastare. Sono felice che non sia andata perduta.»

L'appoggiò sul suo tavolino e mi sorrise.

«Ora siedi e ti spiegherò perché ti ho mandato a cercarla.»

Io gli sedetti accanto e lui mi circondò le spalle con un braccio. «Lo spreco non è solo una cattiva abitudine. Dimostra indifferenza nei confronti del mondo ed è un atto violento ai danni della natura.»

Lo spreco non è solo una cattiva abitudine.
Dimostra indifferenza nei confronti del mondo
ed è un atto violento ai danni della natura.

Fino a quel momento avevo considerato «violente» solo le aggressioni verso gli individui, perciò quell'affermazione mi sorprese.

«Devi capire che tutti gli oggetti di uso quotidiano, anche quelli che sembrano insignificanti, come questa matitina consumata, hanno richiesto molto impegno, tempo e denaro. Gettandoli via, sprechiamo le risorse del paese e manchiamo di rispetto al lavoro di chi ci ha fornito l'essenziale e il superfluo.»

Restai a rifletterci, e dopo un momento Bapuji domandò: «Quando cammini per le strade della città, incontri mai un mendicante?».

«Sì, Bapuji, eccome.»

«Loro non possono permettersi di comprare nemmeno una matita, mentre noi che possiamo acquistare tutto ciò che desideriamo spesso lo sprechiamo. Se consumiamo più della quota che ci spetta delle risorse del mondo, la stiamo togliendo agli altri.»

Se consumiamo più della quota che ci spetta
delle risorse del mondo, la stiamo togliendo agli altri.

«D'accordo, Bapuji, ho capito» farfugliai, e feci per rialzarmi, ma la lezione non era ancora finita.

«Ho un altro compito da assegnarti» continuò il nonno, con una nuova luce negli occhi. «E per svolgerlo ti servirà proprio questo mozzicone di matita.»

Mi disse di prendere un foglio e di disegnare un albero genealogico della violenza. Lo scopo era cogliere le conseguenze delle nostre azioni. L'albero doveva avere due rami principali, uno per la violenza attiva, l'altro per quella passiva. Il mio compito consisteva nell'esaminare quotidianamente i comportamenti aggressivi, agiti e subiti, e disegnarli. Se colpivo qualcuno o scagliavo un sasso, dovevo aggiungere il mio gesto al ramo della violenza attiva. Ma non è solo in questo modo che si danneggiano le persone. Ogni atto di discriminazione o prevaricazione, di spreco o di avidità andava aggiunto al ramo della violenza passiva.

Nei giorni seguenti riportai fedelmente ogni mia azione sul disegno, e quando lo mostrai a Bapuji ero fierissimo di me: il ramo della violenza attiva era pressoché vuoto. «Ormai non mi capita più di lasciarmi trascinare dalla rabbia» annunciai.

Lui annuì e puntò lo sguardo sugli altri rami del disegno. «La violenza passiva è la radice di quella fisica che affligge il mondo» spiegò. «Se vogliamo spegnere il fuoco, dobbiamo smettere di alimentarlo.»

La violenza passiva è la radice di quella fisica che affligge il mondo. Se vogliamo spegnere il fuoco, dobbiamo smettere di alimentarlo.

Molto prima che si cominciasse a parlare di tutela dell'ambiente e a comprendere le conseguenze dell'intervento umano sul pianeta, Bapuji aveva già intuito che l'abuso delle risorse naturali perpetrato da alcuni crea uno squilibrio economico per tutti. Usati con saggezza e in modo solidale, i consumi possono garantire una vita decente a ogni essere umano sulla Terra, mentre uno sfruttamento selvaggio crea disparità insostenibili. Eppure dai tempi di Gandhi il divario non ha fatto che aumentare. Oggi l'uno per cento della popolazione mondiale detiene più della metà della ricchezza di tutto il pianeta. E i ricchi si sentono in diritto di prendere ciò che vogliono e sperperare il resto.

«La nostra avidità e l'abitudine allo spreco perpetuano la povertà, che è un crimine contro l'umanità» mi disse Bapuji.

La nostra avidità e l'abitudine allo spreco
perpetuano la povertà, che è un crimine
contro l'umanità.

Contrario com'era a qualsiasi forma di spreco, persino nei confronti di una matita consumata, mio nonno non potrebbe che trasecolare davanti alla nostra cultura di sperperi. Il dispendio è diventato un vizio così quotidiano che nessuno di noi si ferma a riflettere sulle conseguenze. Negli Stati Uniti, fino a un terzo del cibo acquistato dai singoli finisce nell'immondizia, e peggio ancora nel caso di supermercati e ristoranti. Ogni anno vengono buttati in discarica alimenti per un valore di centosessanta milioni di dollari. E intanto milioni di bambini in tutto il mondo soffrono la fame. Mio nonno diceva sempre che l'umanità non può avere pace fintanto che anche uno solo di noi sta soffrendo. La sicurezza e la stabilità di qualsiasi civiltà dipendono dalla sicurezza e dalla stabilità di ogni singolo individuo. Se riducessimo l'eccesso di consumi e gli sprechi, potremmo risparmiare derrate alimentari per milioni di dollari e inviarle a chi ne ha davvero bisogno.

Non compresi fino in fondo la lezione di Bapuji sulla matita consumata fino a qualche anno dopo, quando mi resi conto delle ingiustizie economiche nel mondo. Forse pensate che l'impatto di un singolo individuo sia irrilevante, ma tutti insieme possiamo davvero fare la differenza. Io, per esempio, tengo sempre in tasca un fazzoletto di tela, per non sprecare quelli di carta. Non sarà un gesto rivoluzionario, ma immaginate l'effetto se ci comportassimo tutti così. Secondo un rapporto, il semplice riciclo delle lattine di alluminio gettate via negli Stati Uniti permetterebbe di portare la luce elettrica in quattro milioni di case, e di risparmiare otto-cento milioni di dollari l'anno. Non è un risultato da poco, considerato che basta ricordarsi di mettere la lattina di birra nel bidone del riciclo invece che nell'immondizia indifferenziata!

E gli studi dimostrano che le persone si sentono meglio quando rispettano l'ambiente. Oggi un gran numero di città e paesi ha istituito programmi di riciclaggio. Molti consumatori usano borse riutilizzabili per la spesa invece dei sacchetti di plastica, e borracce invece delle bottigliette usa e getta. Nell'odierna economia globalizzata, un gesto compiuto alla periferia dell'Indiana può avere ripercussioni fin nel più remoto villaggio dell'India. La regola vale per i problemi di vasta portata, come il cambiamento climatico e la creazione di soluzioni agricole più efficienti, in grado di sfamare la popolazione mondiale, ma anche per il piccolo contributo di ciascuno. Invece di gettare gli abiti smessi, molti scelgono di darli in beneficenza, quindi non è insolito vedere un bambino indiano senza scarpe ma con la maglia dei Chicago Cubs o dei New England Patriots, il risultato di un gesto generoso compiuto all'altro capo del pianeta.

Mio nonno era convinto che sia sufficiente anche una sola persona per cambiare il mondo, tuttavia io comprendo i dubbi di alcuni sull'impatto dei comportamenti individuali rispetto a problemi tanto giganteschi. Secondo gli scienziati, i livelli di anidride carbonica nell'atmosfera stanno aumentando molto più in fretta di quanto avessero previsto persino i climatologi più pessimisti. Le conseguenze saranno catastrofiche e non si faranno attendere a lungo. Dunque, che senso avrebbe sforzarci di ridurre la nostra personale impronta di carbonio quando le grandi multinazionali, le compagnie aeree e le aziende automobilistiche continuano imperterrite a inquinare? Forse la risposta migliore alla domanda l'ha data la madre di Gandhi. La mia bisnonna non aveva studiato, ma trasmise al figlio una solida base di saggezza e buonsenso. Sapeva che, secondo le antiche filosofie indiana e greca (poi divenute scienza), ogni cosa intorno a noi è composta di singole particelle microscopiche, gli atomi, e a suo figlio insegnò che «l'atomo rispecchia l'universo». Tutto è interconnesso, perciò persino i comportamenti più minuscoli compiuti oggi sono uno specchio del futuro. Abbiate cura ogni giorno dell'ambiente in cui vivete e cambierete il corso della storia.

La ricchezza può risolvere parecchi problemi, ma l'avidità e l'indifferenza ne creano molti di più. A Bapuji bastavano una scrivania, una matita e un foglio di carta per ispirare e trasformare il mondo, mentre oggi la gran parte di noi pensa solo a riempirsi di beni materiali, e a un ritmo sempre più inarrestabile. Continuiamo a comprare senza sosta e poi non sappiamo che farcene dei nostri acquisti. È sorta un'intera industria il cui unico scopo è aiutare le persone a rimettere ordine nelle proprie case. Di solito il primo consiglio di manuali ed esperti (già, proprio così: esistono specialisti del riordino!) è liberarci di quanto abbiamo accumulato, poiché è superfluo. Ma questo impone una domanda a monte: perché l'abbiamo comprato?

Lo shopping – che si tratti di scarpe, divani o diamanti – potrà anche essere gratificante, ma è un piacere che sfuma in fretta. Il «nuovo» invecchia subito, e a quel punto sentiamo l'impulso di acquistare qualcos'altro, per rinnovare l'emozione. Ma nessun oggetto concreto potrà mai colmare il vuoto dei nostri cuori. Dobbiamo imparare che la gioia di creare è ben più profonda del brivido di comprare e buttare via. Quand'ero piccolo, in Sudafrica, la mia famiglia abitava in una baracca di lamiere e legno, e la struttura cadeva a pezzi. C'erano crepe nel pavimento che mio padre aveva cercato di riparare, ma quelle toppe non duravano mai molto. Non avevamo la luce elettrica e abitavamo in una zona infestata dai serpenti, che spesso si intrufolavano in casa passando dalle fessure. Di notte avevo il terrore di andare in bagno.

Infine mio padre decise che dovevamo costruirci una nuova dimora. Quando arrivò con un carico di sacchi di sabbia e calcestruzzo, l'emozione fu tale che tutti ci rimboccammo le maniche, impastando i blocchi di cemento e poi lasciandoli ad asciugare al sole. Impiegammo un anno intero a finire i lavori, ma quando finalmente ci trasferimmo nella nuova casa, eravamo fierissimi della nostra opera. Mia nonna, la moglie di Bapuji, morì quello stesso mese e mio padre volle ricordarla chiamando la casa: *Kastur Bhavan*. Amavo quella casetta, perché avevo contribuito a costruirla.

Per imporsi all'attenzione del mondo, Bapuji non ha avuto bisogno di ricchezze materiali, e lo stesso vale per tutti noi. L'unica volta in cui mi sforzai di apparire importante ostentando un oggetto costoso, la situazione ebbe risvolti comici. Accadde dopo la morte del nonno, quando il primo ministro Nehru mi invitò a colazione a casa sua.

Lui e il nonno avevano lottato insieme per l'indipendenza indiana e nutrivano una grande stima reciproca. Bapuji aveva esultato per la nomina di Nehru a capo del nuovo governo e, all'indomani del suo assassinio, il premier aveva pronunciato un commovente discorso alla nazione: «La luce che illuminava le nostre esistenze si è spenta, e noi siamo sprofondati nelle tenebre».

A dispetto degli enormi impegni della sua carica, Nehru si era tenuto in stretto contatto con la mia famiglia, cosa di cui gli fui sempre grato, e per me fu un onore ricevere quell'invito a colazione. Sarebbero stati presenti anche sua figlia, Indira Gandhi, insieme al marito (un nostro omonimo ma non un parente).

Poiché al tempo non possedevo una macchina, avevo pensato di prendere un taxi, ma mio zio, un uomo d'affari piuttosto affermato, ritenne che un gesto simile sarebbe stato offensivo. Convinto che non potessi presentarmi a un appuntamento con il primo ministro scendendo da un umile taxi, mi prestò una limousine della sua azienda, con tanto di autista. Al mio arrivo non trovai Nehru, e chiesi a Indira dove fosse. Lei mi spiegò che il padre aveva l'abitudine di mangiare molto in fretta, e poiché non gli piaceva finire prima degli altri e poi doverli aspettare, arrivava sempre per ultimo, così da finire in contemporanea con loro.

Durante la colazione, Nehru parlò con grande affetto di mio nonno e poi della situazione politica. Si stava impegnando molto per dare un'impronta gestibile alla nostra politica estera e per creare alcune di quelle che si sarebbero affermate come le principali istituzioni accademiche del paese. (A quel tempo non potevamo sapere che Indira avrebbe ricalcato le orme del padre, ricoprendo a sua volta per due mandati l'incarico di primo ministro.) Infine io e Nehru ci alzammo da tavola e proseguimmo la conversazione mentre ci avviavamo fuori ad aspettare le rispettive macchine. La sua arrivò per prima. Era un'utilitaria senza pretese... e subito dopo ecco comparire la mia gigantesca limousine. Nehru conosceva bene le convinzioni di mio nonno, perciò sgranò gli occhi. «Non ti vergogni di una macchina tanto grossa, quando persino il tuo primo ministro si accontenta di un'utilitaria?» domandò.

«Neanche un po'» risposi. «Perché la tua ti appartiene, mentre la mia è solo in prestito.»

Scoppiammo a ridere. Sapevamo entrambi che non erano i nostri beni materiali a definirci. Per il primo ministro non contava la potenza della sua auto, ma quella delle sue idee. E l'auto aziendale di mio zio, per quanto lussuosa, non poteva rendermi diverso da ciò che ero.

Il dispendio delle risorse di cui parlava Bapuji è soltanto una piccola parte del problema. Ancora più scioccante è lo spreco e lo sfruttamento di creature viventi a nostro uso e consumo. I cacciatori ricchi continuano a organizzare safari in Africa dove – per divertimento – massacrano magnifici leopardi, leoni o elefanti. Un dentista del Minnesota ha suscitato una levata di scudi internazionale anni fa, uccidendo Cecil, un leone dalla criniera nera considerato un tesoro nazionale nello Zimbabwe. Eppure non ha subito condanne di sorta. Il suo safari era perfettamente legale. Aveva sborsato decine di migliaia di dollari per il privilegio di abbattere un animale stupendo. Alcune nazioni povere promuovono i safari come fonte di introiti, tuttavia questo non significa che sia legittimo uccidere quelle creature. Approfittarsi di un paese in difficoltà per sfruttarne le risorse è una delle forme più violente di spreco.

Forse la cosa più triste è che oggi ci sbarazziamo degli esseri umani con la stessa indifferenza con cui da bambino avevo buttato via il mio mozzicone di matita. Un giorno, nel lontano 1971, io e mia moglie stavamo passeggiando per le strade affollate di Bombay, tornando a casa dopo una visita ad amici. Allora, come adesso, era una metropoli sovrappopolata, brulicante di passanti, venditori ambulanti e mendicanti accasciati lungo i marciapiedi. Spesso la spazzatura gettata per strada restava a marcire per giorni, riempiendo l'aria di mosche. Camminavo con lo sguardo fisso a terra, stando bene attento a dove mettevo i piedi, quando notai un fagotto di tela colorata. Aggirandolo mi resi conto che si muoveva, così mi fermai e chiamai Sunanda.

Nel bel mezzo di quell'andirivieni frenetico, ci inginocchiammo e, con delicatezza, scostammo il telo. Avvolgeva una neonata emaciata. Doveva avere al massimo tre giorni di vita. Ci guardammo intorno, cercando di capire da dove fosse venuta, ma la gente passava senza degnare la bambina di uno sguardo. Mia moglie restò di guardia mentre io entravo nel negozio più vicino per chiamare la polizia. Impiegarono un po' ad arrivare perché per loro quella non era un'emergenza. In seguito ci spiegarono che capitava spesso di trovare neonati abbandonati per la strada. Presero la piccola dalle braccia di mia moglie e dissero che l'avrebbero portata alla Government Remand Home, un orfanotrofio statale. Al tempo lavoravo come reporter per il «Times of India», una testata importante, e chiesi di accompagnarli. Con un'alzata di spalle, loro acconsentirono.

Forse, vedendo tragedie tutti i giorni ci si fa l'abitudine, ma io restai inorridito davanti alle decine di neonati e bambini smarriti, abbandonati o orfani finiti in quell'istituto. La polizia mi disse che le autorità cercavano di rintracciare i genitori o un famigliare, anche se il numero di bambini era soverchiante e solo il cinque per cento delle operazioni di identificazione andava a buon fine. In orfanotrofio i piccoli languivano, e a volte morivano.

Mi domandai cosa ne sarebbe stato della neonata che avevamo soccorso. La direttrice dell'istituto mi spiegò che le femmine sembravano più resistenti alla denutrizione rispetto ai maschi e che avevano migliori probabilità di sopravvivenza.

Comunque, i piccoli ospiti di quel luogo non avevano molte speranze. Il personale era sottopagato e spesso rubava i fondi o il cibo destinati ai bambini. Poiché era gestito dallo Stato, almeno quell'istituto godeva di una certa supervisione. In quelli delle piccole cittadine e dei villaggi, il tasso di mortalità si avvicinava all'ottanta per cento. I superstiti dovevano andarsene appena raggiunta la maggiore età, spesso senza nessuno cui potersi rivolgere per chiedere aiuto o protezione. Molte delle ragazze diventavano vittime del racket della prostituzione e i ragazzi venivano reclutati dalle bande di strada, dove imparavano a campare di furti per poi passare a reati più gravi.

Bapuji mi aveva insegnato che lo spreco è una forma di violenza, e l'apatia rispetto allo sperpero di quelle giovani vite mi sembrava precisamente il tipo di violenza passiva da cui il nonno aveva cercato di mettermi in guardia con la lezione sulla matita. Non potevo restare indifferente. Visitai molti orfanotrofi e rifugi per l'infanzia. In uno di questi mi stupii di vedere una coppia bionda e con gli occhi azzurri che teneva in braccio un bambino indiano. Venivano dalla Svezia e avevano avviato il complicato processo per l'adozione legale. Mi presentarono un connazionale di nome Leif che aveva già adottato un neonato indiano e li aveva accompagnati per aiutarli. Avevano bisogno di una guida esperta, perché spesso intermediari senza scrupoli sfruttavano le adozioni per profitto.

Mi tenni in contatto con Leif, il quale mi spiegò che erano molti gli europei desiderosi di adottare un bambino, ma che serviva un mediatore onesto per seguire l'iter burocratico dall'India. Forse potevo dare una mano? Sapevo che Bapuji avrebbe voluto che rispondessi di sì.

Nel decennio successivo, io e mia moglie trovammo casa a centoventotto bambini: in Svezia, in India e, in un caso, in Francia. Le esperienze spaziarono da esultanti a strazianti. Una volta individuata la famiglia di destinazione, il bambino trascorreva i tre mesi necessari a sbrigare le pratiche in una clinica privata. La speranza era che riuscisse a recuperare le forze e ritrovare la salute. Di solito andava bene, ma almeno una decina di bambini morì comunque. Nemmeno allora però riuscivo ad abbandonarli. Spesso trasportavo io stesso il corpicino al luogo della sepoltura e celebravo gli ultimi riti. Una volta dovetti camminare per parecchi chilometri prima di raggiungere il cimitero più vicino, e strada facendo continuai a pensare alle parole di Bapuji, quando parlava della necessità di mettere fine alle disuguaglianze nel mondo.

I nuovi genitori erano sempre al settimo cielo. Incontrammo una donna indiana cui i medici avevano detto che era sterile e che non sarebbe mai riuscita ad avere un figlio. Con sua immensa gioia, le trovammo una bambina. Per lei e suo marito era stato un miracolo, e trattarono me e mia moglie come spiriti divini. Qualche mese dopo venimmo a sapere che, contro ogni previsione, la donna era rimasta incinta. Presto avrebbe dato alla luce un maschietto.

Io e Sunanda eravamo felici per lei, ma anche preoccupati. Nelle famiglie indiane i maschi sono portati in palmo di mano, e adesso la nostra piccola avrebbe avuto il doppio svantaggio di essere non soltanto adottata, ma anche femmina. Temevamo che alla nascita del fratellino venisse trascurata o addirittura maltrattata, perciò decidemmo di parlare con franchezza ai genitori: se non la volevano più, eravamo pronti a riprendercela.

«Nemmeno per sogno» esclamò la madre. «Sarà sempre la nostra principessa. La amiamo, e per noi è stata una benedizione. Siamo disposti a tutto pur di tenerla.» Lei e il marito cominciarono a piangere. La loro disperazione era sincera, e io e Sunanda dovemmo rammentare a noi stessi che pur tra tanta violenza e sprechi, nel mondo esiste ancora la bontà. In seguito tornammo spesso a trovare la famiglia, e fu una gioia vedere i due bambini crescere felici insieme.

Quasi tutte le famiglie si tennero in contatto con noi, mandandoci foto dei piccoli adottati. L'eccezione fu la coppia di Parigi, che troncò ogni rapporto appena ricevuta la bambina. Non risposero mai alle nostre lettere, e dopo vari tentativi andati a vuoto, fummo costretti a rassegnarci. Potevamo solo sperare che stesse andando tutto bene.

Oltre vent'anni dopo ricevetti un messaggio all'M.K. Gandhi Institute for Nonviolence: una donna francese stava provando a contattarmi. Non avevo idea di chi fosse né del motivo per cui mi cercasse. Lei chiamò di nuovo e lasciò un messaggio, implorandomi di telefonarle. Quando la contattai, disse di chiamarsi Sophie e di essere stata adottata da piccola, e che i suoi genitori si erano sempre rifiutati di parlarne. Ogni volta che chiedeva delle sue origini, loro rispondevano: «Quella parte della tua vita non importa più. Dimenticala». Adesso Sophie aveva ventisei anni, e qualche tempo prima, frugando tra le vecchie carte di suo padre, aveva trovato un documento con il mio nome e la sua data di nascita. Forse ero io il padre biologico, o quantomeno sapevo qualcosa del suo passato. Così mi aveva cercato su Google ed era riuscita a rintracciarmi.

Era la bambina data in adozione a quella coppia francese tanti anni prima. Restammo al telefono per più di un'ora, e lei singhiozzava mentre io facevo il possibile per rispondere alle sue domande. Purtroppo molti incartamenti erano andati perduti. In India, io e Sunanda vivevamo in un monolocale di trenta metri quadrati e non potevamo permetterci il lusso di conservare schedari. A noi non serviva la consulenza degli odierni guru del riordino: eravamo costretti a sbarazzarci dei fascicoli pochi mesi dopo aver chiuso una pratica.

Quella settimana Sophie mi telefonò parecchie volte. Parlarmi era per lei una consolazione, ma sentiva il bisogno di conoscermi di persona e per questo motivo aveva deciso di venire a Rochester, nello Stato di New York, dove abitavo in quel periodo. Due giorni dopo mi richiamò, in lacrime. Il biglietto aereo costava troppo per le sue disponibilità, e suo malgrado aveva dovuto rinunciare al progetto. A volte però capita che siano le circostanze a darci una mano e io avevo una buona notizia da riferirle. Per una coincidenza, ero appena stato invitato a tenere una conferenza al Festival di Edimburgo, dove avrei trascorso una settimana. Il viaggio da Parigi alla Scozia era senz'altro alla sua portata.

Così conobbi Sophie. Era davvero una ragazza adorabile. Mi battezzò suo «padre spirituale» e a tutt'oggi ci sentiamo regolarmente. E per me è una gioia poterla annoverare tra i miei figli.

Mi era capitata un'esperienza analoga, qualche anno prima, quando organizzammo un incontro con i bambini indiani adottati in Svezia e che ora sono adolescenti. Molti di loro chiesero il mio aiuto per rintracciare i genitori biologici. «I compagni di scuola parlano sempre delle somiglianze tra loro e i genitori: il colore degli occhi ereditato dalla mamma, o i capelli uguali al papà» mi spiegò uno di loro. «Noi delle nostre famiglie d'origine non sappiamo niente. Non sappiamo chi ci ha resi ciò che siamo.» Io non ci avevo mai pensato. Sono dettagli che la gran parte di noi dà per scontati, ma diventano importanti quando il tuo legame col passato è stato reciso.

Purtroppo, come nel caso di Sophie, dovetti spiegare che i certificati di nascita non esistevano più – ammesso che fossero mai esistiti – e che quindi sarebbe stato molto difficile rintracciare i genitori biologici.

«La vostra richiesta però mi ha fatto riflettere su un altro aspetto della questione» aggiunsi. «Forse anche le vostre madri biologiche avrebbero voluto conoscervi. Erano state costrette a rinunciare a voi, nella speranza che qualcuno vi offrisse una vita migliore, ma in seguito non è escluso che le loro circostanze siano migliorate, e magari sono tornate a cercarvi. Se foste rimasti in orfanotrofio vi avrebbero ritrovati, invece il nostro intervento lo ha reso impossibile. Noi abbiamo agito con le migliori intenzioni. In quegli istituti rischiavate di morire, mentre con l'adozione avete trovato una famiglia che vi ama, una certa sicurezza e serenità. Se però abbiamo commesso un errore, vi prego di dircelo apertamente.»

Loro si strinsero intorno a me e a Sunanda e ci abbracciarono. Piangevamo tutti. Un ragazzo ci chiese il permesso di considerarci come nonni, e noi accettammo di slancio. A quel punto una ragazza sentenziò, euforica: «Avete risolto il problema. Adesso possiamo dire a tutti che somigliamo ai nostri nonni!».

Qualche anno dopo organizzammo un'altra riunione, in Svezia. Ci ritrovammo davanti degli adulti, in gran parte sposati e con figli. Guardandoli, pensai a quant'è vasto il cerchio di irradiazione anche di un'unica vita, quando gli altri hanno dedicato il tempo necessario a preservarla e coltivarla. Poiché ogni gesto si moltiplica, i piccoli passi compiuti da me e mia moglie avevano assunto un'importanza ben più grande di quanto avremmo immaginato.

La violenza passiva dell'indifferenza può essere distruttiva quanto quella attiva. A volte siamo tentati di pensare: «Io sono una persona sola tra sette miliardi. Non posso cambiare le cose». Ma ciascuno di noi appartiene a una rete a larghissimo raggio. In un tempo in cui la violenza dilaga – per le strade, nel nostro modo di pensare e di parlare, nella politica mondiale – e la pace appare sempre più elusiva, l'astensione non è più sufficiente. La vera nonviolenza è molto più sfaccettata, e si radica in profondità nella nostra visione del mondo e nel nostro atteggiamento in ogni istante della vita. Bapuji mi aveva mandato a cercare quel mozzicone di matita per insegnarmi che «dobbiamo essere il cambiamento che vogliamo vedere nel mondo». Se non vi piace lo spreco e il suo contributo all'ineguaglianza, e se vi scandalizza che i dirigenti americani guadagnino duecento volte lo stipendio di un lavoratore medio, dovete agire in prima persona.

Gandhi detestava lo spreco in ogni sua forma, ma aveva senso dell'umorismo, e persino a lui certe cose apparivano inutili e indegne di essere conservate. Nell'ashram, uno dei miei compiti era aiutarlo con la valanga di corrispondenza che riceveva ogni giorno. Era una responsabilità importante. Molto prima che il riciclo diventasse di moda, lui lo praticava già. Mi insegnò ad aprire con cura ogni busta e a mettere da parte le pagine con il retro bianco, che lui avrebbe impiegato per scrivere la risposta.

In quel periodo si era nel pieno del dibattito sull'indipendenza dell'India. A una tavola rotonda organizzata nel 1931 per discutere del futuro del paese, un delegato inglese consegnò a Bapuji una busta. Conteneva una lettera zeppa di insulti. Lui sfilò la graffetta che teneva insieme il plico, controllò le pagine e, visto che erano scritte su entrambi i lati, le cestinò. L'indomani mattina, il delegato gli domandò quale fosse la sua risposta a quella lunga missiva.

«Ne ho conservate le due cose più preziose» rispose Bapuji. «La busta e la graffetta. Il resto era spazzatura.»

Noi ridevamo spesso di quella battuta, ma l'episodio custodiva anche una lezione più profonda: dobbiamo imparare a sbarazzarci delle cose irrilevanti e a riservare la nostra attenzione solo a ciò che conta davvero. Per Bapuji, il tempo dedicato al rancore e alle polemiche era tempo perso.

A volte penso a tutto ciò che ancora avrebbe potuto compiere, se solo fosse vissuto un po' più a lungo. Profondamente consapevole che nessuno sa quanto tempo gli resta, mio nonno si impegnò sempre a riempire ogni momento della vita con qualcosa di importante. Lo spreco più grave e violento è quello delle nostre giornate. All'ashram, Bapuji esigeva che pianificassi in modo rigoroso le mie attività, dal risveglio fino a sera. Ora che sono più vecchio, capisco meglio cosa intendesse quando diceva: «Il tempo è troppo prezioso per sprecarne anche un solo minuto».

lezione 7
L'EDUCAZIONE NONVIOLENTA

Quando ripenso a Bapuji, ne ricordo soprattutto il calore, la saggezza, e il sorriso affettuoso. Mio nonno insegnava con amore e pazienza. Un giorno venne a parlargli una coppia che abitava nei pressi dell'ashram. Il figlio di sei anni, Anil, era malato, e il medico aveva individuato nello zucchero la causa dei suoi disturbi. Anil però andava matto per i dolci e aveva continuato a mangiarli di nascosto, aggravando la sua patologia. Per settimane la madre aveva cercato invano di convincerlo a smettere, e alla fine lo portò da Bapuji, chiedendogli di intervenire. Lui rispose: «Tornate tra due settimane».

La madre aveva raggiunto il limite della pazienza e non capiva il motivo di quell'ulteriore ritardo, ma obbedì. Quando tornarono, Bapuji attirò Anil a sé e gli bisbigliò qualcosa all'orecchio e si scambiarono un cinque con le mani. Nei giorni seguenti la madre restò sbalordita: il bambino aveva smesso di mangiare dolci e seguiva con perfetta diligenza la dieta prescritta dal medico. Il suo stato di salute migliorò e lei si convinse che Gandhi avesse compiuto un miracolo. Così tornò da lui per chiedergli come ci fosse riuscito.

«Non è stato un miracolo» rispose lui con un sorriso. «Dovevo rinunciare io stesso ai dolci prima di pretendere che lo facesse lui. Quando siete tornati, gli ho detto che non ne toccavo da due settimane, e l'ho invitato a tentare l'esperimento.»

Gandhi aveva un'idea dell'educazione tutta sua. Riteneva che i bambini non imparino tanto dai libri e dalle parole degli educatori quanto dal loro carattere e dall'esempio, e che i grandi debbano adottare per primi il comportamento che esigono dai piccoli. Invece del vecchio adagio: «Fai quel che dico, non ciò che faccio», il suo consiglio per genitori e insegnanti era di «vivere ciò che vogliamo insegnare ai figli e agli allievi».

Per materie come la matematica e le scienze Bapuji mi aveva trovato un tutore, ma sapeva che le lezioni più importanti le avrei apprese osservando il suo comportamento. Era un maestro sempre disponibile e paziente, e si impegnava a essere d'esempio per tutti, come un padre o un nonno universale. Aveva assunto quel ruolo fin dal 1910, quando in Sudafrica fondò la Tolstoy Farm, uno dei primi esperimenti di vita comunitaria. La descriveva come una famiglia in cui lui era il padre, responsabile dell'educazione dei piccoli. Al tempo sarebbe stato difficile trovare insegnanti qualificati disposti a lavorare in una scuola di bambini di colore, perciò si era assunto lui quel compito.

Molti genitori dovrebbero adottare il suo modello di guida attraverso l'esempio. Chiedono ai figli di non restare sempre incollati al computer e al tablet, ma poi loro stessi rispondono al cellulare o mandano email nei momenti che dovrebbero dedicare alla famiglia. Di conseguenza i bambini imparano che il cellulare o il tablet sono più importanti di qualsiasi altra cosa, e di certo più di loro. Io scuoto la testa quando vedo i genitori ingozzarsi di dolci e cereali pieni di zucchero e poi pretendere che i figli mangino insalata e broccoli. Dimenticano che i bambini imparano per emulazione.

Prima di vivere con Bapuji non amavo la scuola, perché i miei insegnanti davano un pessimo esempio. Dato il razzismo imperante in Sudafrica, gli istituti aperti ai bambini non bianchi erano ben pochi. Quando avevo sei anni, i miei genitori trovarono una scuola elementare cattolica disposta ad accettarmi, ma la sede si trovava nella città di Durban, a una trentina di chilometri da casa. Io e mia sorella Sita, maggiore di me di sei anni, dovevamo svegliarci ogni mattina alle cinque e vestirci in fretta e furia per prepararci al viaggio: un paio di chilometri a piedi attraverso le piantagioni di canna da zucchero, una decina in pullman e poi il treno. Infine, dalla stazione dovevamo camminare per altri tre chilometri prima di raggiungere la scuola. E al ritorno era la stessa solfa.

La preside, suor Regis, era una donna fredda e autoritaria. Le lezioni cominciavano alle otto e venti, e se tardavi anche un solo minuto venivi spedito in presidenza, dove suor Regis ti fustigava con una canna di bambù. Non saprei contare le volte in cui capitò a me e a Sita. La donna sapeva benissimo che venivamo da lontano, e che non era colpa nostra se il pullman o il treno arrivavano in ritardo. Eravamo entrambi bambini molto disciplinati e la mattina ci alzavamo sempre per tempo. Perciò picchiarci non serviva a niente. Ma lei lo faceva lo stesso.

Quelle botte non migliorarono affatto il mio carattere, e di sicuro non influirono di una virgola sulla mia puntualità. Il loro unico risultato fu di trasformarmi in un bambino pieno di rancore, che detestava andare a scuola. Le ricerche psicologiche dimostrano che i piccoli maltrattati hanno più probabilità di diventare adulti violenti, e la mia esperienza lo conferma. Quando uscivo dalla presidenza con la pelle infiammata e illividita ribollivo di rabbia, e il mio unico desiderio era sfogare la mia impotenza su qualcun altro. Un adulto che picchia un bambino ottiene solo di perpetuare il ciclo di violenza.

A distanza di anni, tenni un seminario per insegnanti a Memphis e restai scioccato, sentendoli sostenere all'unanimità che l'unico modo di insegnare la disciplina agli allievi erano gli schiaffi e le botte. Una donna dichiarò che una volta picchiato un bambino, per piegare gli altri all'obbedienza bastava un'occhiataccia. Sembrava molto orgogliosa della sua strategia ma, come nel caso di suor Regis, gli effetti a lungo termine si erano rivelati controproducenti. Non soltanto aveva addestrato i suoi alunni all'aggressività, ma lei stessa aveva dovuto usare punizioni sempre più severe per ottenere dei risultati. Il trattamento rendeva gli allievi meno sensibili, e per loro natura i metodi violenti inducono alla mancanza di rispetto.

Non riuscivo a credere che le punizioni corporali fossero considerate accettabili nelle scuole americane, ma sono rimasto ancora più allibito alla scoperta che diciannove Stati le ammettono ancora oggi. Secondo le stime, circa duecentomila bambini vengono picchiati ogni anno da figure di autorità. Dobbiamo smettere di chiamarla «disciplina» e ammettere che si tratta di prevaricazione pura e semplice. Stiamo permettendo a chi detiene il potere (gli insegnanti e i presidi) di sfogare le loro frustrazioni sugli inermi. Genitori e maestri ricorrono alle cosiddette maniere «forti» solo quando sono troppo deboli per esercitare forme di persuasione più sofisticate.

E la violenza psicologica è lesiva quanto e più di quella fisica. A me vennero i brividi quando sentii la storia di un adolescente costretto a restarsene sul ciglio di una strada con un cartello appeso al collo: SONO UN BULLO. SUONATE IL CLACSON SE ODIATE I BULLI. Il vero bullo era chiunque gli avesse inflitto una punizione simile. La definizione stessa di bullismo è l'abuso del potere per umiliare quelli che sono ritenuti più deboli. E mortificare un bambino può avere ripercussioni terribili. Prendete per esempio l'episodio spaventoso di quel padre che aveva rasato a zero i capelli della figlia tredicenne per punirla delle foto osé inviate a un compagno di scuola. Dopodiché l'aveva filmata, mentre lei tremava di paura e lui la scherniva con frasi del tipo: «Sei ancora convinta che sia stata una buona idea?». Il video è finito su YouTube. E non molto tempo dopo la ragazza si è tolta la vita buttandosi da un ponte.

Il suicidio di un adolescente non ha mai un'unica causa, ma immagino che quel padre in lutto ora si stia facendo la stessa domanda con cui aveva deriso la figlia: sarà ancora sicuro che sia stata una buona idea?

Secondo Gandhi, per educare i figli in modo nonviolento non basta astenersi dalle botte. Bisogna che tutta la vita domestica sia improntata all'amore, al rispetto e alla collaborazione. Quando un adolescente contesta le regole, spesso i genitori rispondono: «Questa è casa mia, e finché vivi sotto il mio tetto dovrai sottostare alle mie regole». È un messaggio che comunica conflitto e ostilità, e che mette genitori e figli gli uni contro gli altri. L'approccio nonviolento comporta la ricerca di un terreno comune, per trovare insieme il modo di aiutarsi e sostenersi a vicenda. Un genitore deve rendersi conto che le mancanze dei figli sono il risultato diretto delle sue.

Ho sperimentato la potenza dell'educazione nonviolenta a sedici anni. Mio padre doveva partecipare a una conferenza in città, e mi chiese di accompagnarlo in macchina e di fare qualche commissione mentre aspettavo che finisse. Abitando in una comunità rurale e non avendo spesso l'occasione di andare in città, non vedevo l'ora di esplorarne le attrazioni. Avevo molto sentito parlare dei film americani, ma sapevo che i miei genitori non li approvavano, perciò non chiesi il permesso di andare al cinema: decisi tra me di sbrigare il prima possibile le commissioni così da ritagliarmi il tempo di uno spettacolo.

Quella mattina accompagnai mio padre al centro congressi, dove sarei dovuto andare a riprenderlo alle cinque del pomeriggio. Ripeté l'elenco delle mie incombenze – fare la spesa per mia madre, un paio di altri acquisti e poi portare l'auto dal meccanico, per la revisione del motore e il cambio dell'olio – e aggiunse: «Hai una giornata intera, perciò non dovrebbe essere un problema».

Io finii le mie commissioni a tempo di record, lasciai la macchina in officina e mi infilai in un cinema poco prima che iniziasse lo spettacolo delle due del pomeriggio. Sprofondai in poltrona, fierissimo della mia impeccabile capacità organizzativa, e mi lasciai assorbire da un western con John Wayne, che si rivelò avvincente quanto avevo sperato. Il film finì alle tre e mezzo, ma subito dopo ne cominciava un altro. Calcolai che fermandomi per la prima mezz'ora sarei riuscito comunque ad arrivare in tempo all'appuntamento con mio padre. Ma (com'era prevedibile) mi persi talmente nella trama da seguirla fino alla fine... alle cinque e mezzo.

Oh, no! Corsi all'officina a recuperare l'auto, ma al centro congressi arrivai ben dopo le sei.

Mio padre mi accolse con profondo sollievo. Il mio ritardo l'aveva messo in ansia. «Come mai hai impiegato tanto tempo?» domandò, salendo in macchina.

Mi vergognavo di confessargli quanto mi fossero piaciuti quei western violenti. Forse penserete che le mie esperienze all'ashram e con Nehru mi avessero insegnato a non mentire, ma a volte l'ansia di proteggere l'immagine che abbiamo di noi stessi ha il sopravvento sul buonsenso, così accampai la prima scusa che mi venne in mente: «La macchina non era pronta». Ma già mentre pronunciavo quelle parole, lessi chiara la delusione sul volto di mio padre.

«Non è quanto mi ha detto il meccanico quando ho telefonato» disse. Per un momento sembrò riflettere sul da farsi, poi scosse appena la testa. «Mi dispiace che tu mi abbia mentito. È evidente che come genitore non ti ho infuso abbastanza sicurezza e coraggio da dire la verità. Come punizione per le mie mancanze, tornerò a casa a piedi.»

Aprì la portiera, scese dall'auto e si incamminò. Mi precipitai a inseguirlo per chiedergli scusa, ma lui continuò a camminare. Cercai di dissuaderlo, promettendo che non sarebbe accaduto di nuovo, che non avrei mentito mai più, ma lui scosse la testa. «Ancora non so in cosa ho sbagliato, e la camminata mi tornerà utile per mettere a fuoco un modo più efficace di insegnarti l'onestà.»

Vergognandomi di me, tornai di corsa alla macchina. Dovevo riportarla a casa, perciò non potevo camminare con lui. Tuttavia non intendevo certo lasciarlo andare da solo, col buio e in aperta campagna, così lo seguii in auto, guidando a passo d'uomo per le sei ore successive, e illuminandogli la strada con i fari. Non dubito che quella camminata sia stata dura per lui, ma per me fu un supplizio. La mia disonestà lo aveva ferito, e invece di punirmi lui aveva castigato se stesso.

Mia madre ci aspettava per cena, e sapevo che non vedendoci arrivare si sarebbe preoccupata moltissimo. A quei tempi non esistevano i cellulari, ma anche da un telefono pubblico le chiamate interurbane erano un problema. La immaginavo ferma sotto il portico, insieme alle mie sorelle, a scrutare nel buio in attesa di vedere la nostra auto. Era quasi mezzanotte quando finalmente avvistò i fari che si avvicinavano lentissimamente. Diede per scontato che il ritardo fosse dovuto a un problema meccanico. Solo quando entrammo scoprì cos'era accaduto.

Se mio padre si fosse limitato a punirmi, sono certo che mi sarei sentito umiliato invece che pentito, e l'umiliazione avrebbe portato alla ribellione e al desiderio di rivalsa, contro di lui o qualcun altro. Usando il metodo nonviolento appreso da Bapuji, mio padre si era assunto parte della responsabilità e si era associato alla ricerca di una soluzione. Questo approccio ha un impatto molto più incisivo e duraturo, e risultati ben più positivi della coercizione. Il sistema di Bapuji aiuta i genitori a crescere figli sicuri di sé, capaci di immedesimarsi con gli altri e disposti a impegnarsi in prima persona.

I bambini maturano se si sentono trattati con rispetto e se vedono gli adulti rispettare le stesse regole imposte a loro. La giusta educazione crea persone buone e forti, che non si lasciano né vittimizzare né condizionare dal cattivo comportamento altrui. Oggi i telegiornali sono pieni di notizie di ragazzini che seviziano un compagno mentre gli amici li riprendono con il cellulare. Davanti a fatti simili, Bapuji non domanderebbe: «Che cosa sta succedendo ai nostri bambini?», perché per lui la risposta sarebbe lampante: se i nostri figli sono insensibili o crudeli significa che noi non siamo stati capaci di dimostrare con l'esempio il valore dell'empatia e della cura del prossimo.

E lo stesso accade per i beni materiali. Spesso i genitori si lamentano che i regali – i vestiti alla moda, gli ultimi gadget – ai figli non bastano mai, e li definiscono ingrati. Ma negli Stati Uniti molti bambini vivono in una bolla di privilegio, ignari delle condizioni nel resto del mondo. Come possono apprezzare ciò che hanno in mancanza di termini di paragone? La gratitudine deriva dalla possibilità di vedere il quadro più vasto. Il contatto con gli altri rende tutti migliori.

Quand'erano piccoli, anche i miei due figli volevano una festa di compleanno, come i loro amichetti. Io e mia moglie li adoriamo, e avremmo voluto celebrare in grande quelle giornate, ma dopo le esperienze fatte con le adozioni degli orfani indiani, ci sembrò che il regalo migliore fosse trovare il modo di dimostrare loro cosa significasse poter contare su una famiglia che ti vuole bene e ti protegge. Decidemmo così di organizzare le loro feste in un orfanotrofio della zona, affinché anche quei bambini potessero godere di un'occasione speciale.

«Perché devo festeggiare il mio compleanno con degli estranei?» protestò mia figlia. «Non potremmo invece invitare i nostri amici?»

«Condividere qualcosa con chi la possiede già non ha molto senso» risposi io. «Dovremmo dare a chi ha meno di noi.»

Lei e il fratello rimasero scettici finché visitammo l'orfanotrofio. Non era molto diverso da quelli che avevano spinto me e mia moglie a impegnarci nelle adozioni. Era un luogo cupo e squallido. Negli stanzoni la vernice era scrostata e non c'era l'ombra di un giocattolo. Alcuni dei piccoli sedevano sul pavimento, e dondolavano il busto avanti e indietro per consolarsi. Non avevano nulla cui aggrapparsi, niente con cui giocare o da abbracciare. I miei figli restarono scioccati. Da quel momento cominciarono, di loro iniziativa, a portare giocattoli all'orfanotrofio. Un giorno regalarono dei tricicli: gli orfani non ne avevano mai visti prima, non sapevano tenersi in equilibrio sul sellino o spingere sui pedali.

Dopo averli conosciuti e aver passato un po' di tempo con loro, i miei figli cambiarono idea sulla festa di compleanno. Si erano convinti che condividere con chi aveva così poco fosse la cosa giusta da fare. Gli estranei erano diventati il prossimo.

Con il buon esempio, i bambini colgono al volo il potere della nonviolenza. Quando scoprii che gli insegnanti di Memphis credevano nelle punizioni corporali, pensai di lanciare un corso sulla risoluzione dei conflitti. I bambini avevano bisogno di un modello nonviolento, diverso da quello offerto dagli adulti nelle loro vite. Tenni il primo laboratorio in una scuola media, e i ragazzi aderirono con entusiasmo. Spiegai in cosa consiste il compito di un mediatore: accompagnare le due persone in conflitto in un luogo neutrale, invitarle a sedersi l'una di fronte all'altra e guidare la conversazione nel rispetto di regole precise, per esempio accertandosi che ciascun interlocutore esprima le proprie ragioni in modo pacato e ascolti con attenzione quelle dell'altro.

I ragazzi si esercitarono tra loro e, a dispetto di un certo imbarazzo iniziale, sperimentarono subito l'efficacia di questa semplice tecnica. Appresero che i dissidi si possono superare in modo pacifico e rispettoso, e avvertirono un senso di maggior controllo sulle proprie vite, nella certezza di poter gestire un conflitto senza risse, urla e scontri. In seguito venni a sapere che al ritorno a casa, quella sera, uno di loro sentì i genitori che sbraitavano. All'inizio si chiuse in camera, come faceva sempre quando scoppiava una lite in famiglia, ma poi si fece coraggio e andò a raggiungerli.

«Adesso sono un mediatore certificato e posso aiutarvi a risolvere il problema» annunciò con decisione. «Sedetevi l'uno di fronte all'altra, e io vi mostrerò cosa fare.»

I genitori restarono talmente sbalorditi dalla sua tranquillità che si calmarono subito, si scusarono del proprio comportamento e lo abbracciarono.

È usanza fare testamento per decidere la destinazione della nostra eredità materiale: il patrimonio, la casa o un tesoro di famiglia. Eppure non pensiamo al lascito morale. Il nostro stile educativo e l'amore che abbiamo elargito o negato ai nostri figli si tramandano per generazioni. La prima esperienza di educazione nonviolenta, e di quanto sia potente l'amore,

Bapuji l'aveva fatta in casa. Quando commetteva un errore (e come abbiamo visto capitava anche a lui: nemmeno Gandhi era perfetto!), la reazione dei suoi genitori era sempre affettuosa e comprensiva. Ho già parlato della lettera in cui confessò una bugia, e di come suo padre avesse pianto, perdonandolo e abbracciandolo. Per dirla con le sue parole, «lavò i miei peccati con le sue lacrime». Se dal padre avesse ricevuto schiaffi, umiliazioni o castighi, forse anche lui sarebbe diventato un uomo diverso. E un Gandhi animato dal rancore non avrebbe avuto la stessa influenza sul mondo. Non è esagerato affermare che dalla rabbia o dall'amore che dimostriamo ai nostri figli dipende il destino di milioni di persone.

A me sembra evidente che l'amore, il rispetto e la comprensione possono cambiare la vita di una famiglia e avere lo stesso effetto su quella di molte altre. E dunque perché non su un paese e il mondo intero? Mio nonno ricevette il primo seme della nonviolenza durante l'infanzia e lo coltivò per il resto della sua esistenza. Oggi alcuni lo venerano come un santo, ma lui non si vedeva così. Ripeté sempre che in realtà era una persona assolutamente normale, perché se condivideva le nostre mancanze, significava che anche i mezzi con cui si era corretto erano alla portata di tutti: l'impegno e la dedizione. All'ashram mi fece promettere di sforzarmi ogni giorno di essere migliore del giorno prima. Sono parole che restano impresse. Io ci penso ogni mattina, appena apro gli occhi.

Nello smarrimento tipico dell'adolescenza anche lui aveva imboccato la strada sbagliata – accade persino alle anime più nobili –, ma l'amore della sua famiglia gli aveva permesso di ritrovare la via della verità e di smetterla con le menzogne. Molti genitori sono bravi a dire «ti voglio bene», ma il padre e la madre di Bapuji espressero il proprio amore incondizionato senza bisogno di parole. In ogni interazione quotidiana, dimostravano che per loro i figli venivano prima di tutto e che non erano mai un peso o un sacrificio. Invece di lamentarvi che avere una famiglia vi ha impedito di andare alle feste o di godere i piaceri della vita da single, offrite ai vostri bambini uno dei doni più preziosi a disposizione di un genitore: dimostrate che adesso sono *loro* il vostro piacere più grande.

A volte temo che il comportamento degli adulti dimostri ai giovani che «felice e buono» conta meno di «ricco e arrivato». Alla nascita di un figlio, diciamo tutti che ci basta soltanto vederlo felice, ma con il passare del tempo cominciamo a nutrire altre ambizioni e a esercitare pressioni, su di lui e su noi stessi. L'avanzamento di carriera e l'aumento di stipendio diventano più importanti del tempo dedicato alla famiglia, a coltivare l'affetto, la fiducia e la comprensione. I regali costosi prendono il posto dell'amore e dell'attenzione. So che giostrarsi tra casa e lavoro non è facile, e ammiro gli uomini e le donne che si impegnano al massimo per vivere un'esistenza piena, eppure dobbiamo stare attenti a non investire sugli obiettivi sbagliati, puntando troppo su esperienze effimere invece di aspirare ai beni e ai valori duraturi.

Quando io e mia moglie ci trasferimmo negli Stati Uniti, abitavamo nel campus universitario, e io invitavo spesso gli studenti a pranzare con noi per parlare di nonviolenza, dell'amore universale e della filosofia di Bapuji. Sunanda è una donna molto generosa e materna, e ogni volta accoglieva i ragazzi con un abbraccio, informandosi delle loro vite e chiedendo se avessero bisogno di qualcosa o se ci fosse un argomento in particolare di cui volevano discutere. Una studentessa ricambiò l'abbraccio e scoppiò a piangere. «I miei genitori non mi chiedono mai come sto o di cosa ho bisogno» spiegò. «Voi vi interessate a me più di loro.»

Non dubito che i suoi genitori le volessero bene, ma forse erano troppo concentrati su se stessi e distratti dalle proprie vite per interrogarsi sullo stato d'animo e le aspirazioni della figlia.

In India, io e mia moglie avevamo istituito la tradizione di servire la cena alle sette in punto, e mia figlia la portò avanti anche negli Stati Uniti: a prescindere dagli impegni, a quell'ora la famiglia doveva riunirsi a tavola. Da piccoli, i suoi figli non ebbero difficoltà a rispettare la regola ma, arrivati al liceo, i loro amici cominciarono a incuriosirsi: per quale motivo a una certa ora piantavano tutto per correre a casa? Mia figlia suggerì loro di rispondere con un esempio pratico, invitando gli amici a cena. Una delle ragazze restò ammutolita a guardare la famiglia che condivideva le esperienze della giornata, ridendo e commentando sui vari accadimenti. E infine ammise di non aver mai sperimentato niente del genere. Entrambi i suoi genitori lavoravano, e in casa ciascuno si preparava la cena da sé e mangiava da solo. «Quando rientriamo, ci serviamo direttamente dal frigorifero, e nessuno ci domanda come stiamo o com'è andata la nostra giornata» disse, con gli occhi umidi. Dopo aver visto di persona l'amore che regnava nella casa di mia figlia, aveva preso coscienza di cosa mancasse nella sua.

Gli adolescenti vogliono dimostrarsi indipendenti, perciò fingono che la presenza dei genitori sia più un peso che un piacere, ma in realtà hanno un profondo bisogno di amore e comprensione. E quando i genitori sono troppo indaffarati per sopperire a quell'esigenza, commettono violenza sui propri figli, perché ne intaccano il senso di identità e sicurezza.

La gente non smette di stupirsi per la straordinaria disciplina mentale di mio nonno, ma il primo esempio lui l'aveva avuto dalla madre. La mia bisnonna seguiva la tradizione induista dei voti – cioè la rinuncia a qualcosa per un dato periodo di tempo –, e quando il figlio aveva appena cinque anni fece voto di digiuno finché avesse rivisto il sole. In circostanze normali non sarebbe stato un gran sacrificio, ma lei aveva preso questa decisione durante la stagione dei monsoni. Bapuji mi raccontò che il cielo restò coperto per parecchi giorni e, pur continuando a cucinare per il resto della famiglia e a sedere serenamente con loro quando si riunivano per un pasto, sua madre non toccò mai cibo, tanto che lui cominciò a preoccuparsi. Fu forse la sua prima esperienza di empatia: a cinque anni si era messo nei panni della madre avvertendone la fame.

Un pomeriggio sedette accanto alla finestra a pregare che le nuvole si aprissero e lasciassero passare il sole. Di colpo un raggio di luce le squarciò e lui chiamò subito la madre. Ma durò appena un attimo, e quando lei arrivò alla finestra, il sole era sparito di nuovo. A quel punto lei sorrise e disse: «A quanto pare, anche oggi Dio non vuole che mangi».

Nella nostra società egoistica, un voto come quello della mia bisnonna potrà sembrare strano, ma su Bapuji ebbe un impatto molto profondo. Lui stesso avrebbe adottato il digiuno come arma di protesta, e con quello strumento richiamò l'attenzione del mondo sulla sua causa. Ma non sarebbe riuscito a digiunare tanto a lungo se non avesse praticato la disciplina mentale fin da piccolo. Nell'ashram, ogni lunedì Bapuji osservava un giorno di silenzio, e spesso intraprendeva un breve digiuno, per allenarsi nel dominio della mente e nel controllo degli impulsi. Tutte queste scelte scaturivano dall'esempio ricevuto dalla madre durante l'infanzia. Era stata lei a dimostrargli quale impatto può avere sugli altri il sacrificio di sé, e lui adottò lo stesso metodo.

Non sempre ci rendiamo conto di quanto il nostro atteggiamento influisca sui bambini. Loro avvertono tanto l'amore quanto la nostra distrazione, e imparano le lezioni impartite dal nostro comportamento quotidiano. Se siete genitori, in che modo l'esempio che date riaffiorerà nelle vite e nelle esperienze future dei vostri figli? E di quali insegnamenti trasmessi dai *vostri* genitori vorreste liberarvi? A volte, senza rendercene conto, reiteriamo la stessa violenza e le stesse umiliazioni che abbiamo subito da piccoli, perpetuando all'infinito un'eredità lesiva. Ma con uno sforzo consapevole è sempre possibile cambiare rotta, adottando uno stile educativo nonviolento per farne dono ai nostri figli e al mondo intero.

I miei nonni ebbero quattro figli. Mio padre, Manilal, era il secondogenito, e insieme ai fratelli più giovani, Davadas e Ramdas, si impegnò a emulare Bapuji, coltivando la predisposizione innata alla bontà e alla generosità. Ma il primogenito, Harilal, si dimostrò ribelle fin da piccolo, e con l'età i suoi problemi continuarono ad aggravarsi. Da adulto diventò alcolizzato, e fu accusato di furti e malversazioni. Mio nonno si riteneva responsabile dei problemi di Harilal e cercò di aiutarlo. Purtroppo il metodo di punire se stessi per le azioni di un figlio (come fece mio padre con me quando mentii per giustificare il mio ritardo) funziona solo se quest'ultimo è disposto ad ascoltare e a ravvedersi, e Harilal non ne aveva la minima intenzione. Bapuji lo invitò a tornare ad abitare con lui, ma il figliol prodigo preferì vivere nell'indigenza e senza un tetto che lasciarsi riaccogliere in famiglia, e continuò a dimostrare un totale disprezzo per ogni iniziativa del padre. Sembrava aver dedicato la vita a infangarne il nome.

Un giorno entrò in una moschea di Delhi e si convertì platealmente dall'induismo all'islam. Mio nonno accettava tutte le religioni, perciò l'idea di un figlio musulmano non lo scandalizzava. Ma Harilal non si era convertito per motivi spirituali: l'aveva fatto per soldi. Nel clima di tensioni religiose del tempo, qualcuno aveva pensato di usare suo figlio per mettere Gandhi in imbarazzo, e Harilal si era venduto al migliore offerente. «Devo confessare che scoprirlo mi ha ferito» scrisse Bapuji in una lettera. Per lui l'adesione a una religione doveva scaturire da un cuore puro, e vedere il figlio che degradava la ricerca della verità e del bene a un atto di ribellione infantile fu un duro colpo.

Dai genitori, Harilal aveva ricevuto lo stesso affetto, le stesse cure e la stessa guida morale dei fratelli, perciò Bapuji non era in alcun modo responsabile del suo fallimento. Quando un genitore ha fatto tutto il possibile e il problema persiste, allora deve perdonare se stesso. A volte la natura crea temperamenti negativi che resistono anche agli sforzi più ardenti e onorevoli.

La conoscenza è utile, ma da sola non basta; serve anche una comprensione profonda del mondo. Quando insegnava a me e agli altri bambini dell'ashram, l'obiettivo di Bapuji era impartire saggezza, non soltanto nozioni. Per lui istruire significava aiutare a capire come gestire le emozioni e i rapporti con gli altri, per costruire una società collaborativa piuttosto che competitiva. Nei molti anni trascorsi da allora, alcuni psicologi e educatori si sono convertiti alla sua filosofia, e oggi parlano dell'importanza dell'«intelligenza emotiva».

Un giorno Bapuji mi raccontò una storia che si tramandava nelle scritture indiane.

Un re mandò l'unico figlio nel mondo, affinché si facesse una cultura. Al ritorno, il ragazzo era certo di sapere tutto e di essere più saggio degli altri, ma il padre non ne era tanto convinto. «Hai imparato a distinguere ciò che è sconosciuto da ciò che è inconoscibile?» gli domandò.

«No, nessuno potrebbe» rispose il figlio.

Allora il re gli chiese di andare in cucina e di portargli un fico. Quando il figlio tornò, gli disse di tagliare il frutto a metà. Poi gli indicò i minuscoli semi all'interno. «Dividine uno e dimmi cosa vedi.»

Il ragazzo ci provò, ma il seme era troppo piccolo e sfuggiva alla lama del coltello. «Qui dentro non c'è niente» affermò.

Il re annuì. «Da quello che tu definisci "niente", cresce un grande albero. Quel "niente" è il seme stesso della vita. Quando lo avrai compreso, la tua istruzione sarà completa.»

Bapuji aveva una pazienza infinita, e dedicò tutto il tempo necessario a trasmettere a me e al mondo le lezioni di cui avevamo bisogno. Conservò la calma davanti ai disordini e alle distrazioni. Voleva comprendere i grandi misteri della vita e sapeva che, piantato nel terreno giusto, persino il più minuscolo seme di fico produce qualcosa di grande.

Non dobbiamo sprecare l'occasione di conoscere il mondo e di cercare Verità superiori rispetto a quelle che sono alla portata dei nostri occhi e della nostra comprensione.

LA FORZA
DELL'UMILTÀ

Molte persone venivano all'ashram di Sevagram per conoscere mio nonno. Un giorno arrivò un giovane appena tornato dall'Inghilterra, dove aveva appena conseguito un dottorato alla London School of Economics. Shriman, questo il suo nome, era un ragazzo intelligente e dinamico, e scalpitava dall'impazienza di rivoluzionare l'economia indiana. Il padre era un industriale illustre, e sia lui sia la moglie erano amici di mio nonno e lo tenevano in grande stima. Perciò avevano suggerito al figlio di chiedere la benedizione di Gandhi prima di lanciare qualsiasi iniziativa.

Così Shriman si presentò a Sevagram.

Per quasi mezz'ora si vantò della sua brillante carriera scolastica e spiegò in che modo intendeva cambiare l'economia del paese, mentre Bapuji lo ascoltava con pazienza.

«Ora, per favore, datemi la vostra benedizione, così potrò mettermi al lavoro» concluse.

«La mia benedizione devi meritarla» disse Bapuji.

«Che cosa devo fare?»

«Unisciti a noi e pulisci le latrine dell'ashram.»

Shriman restò esterrefatto. «Ho preso un dottorato alla London School of Economics e voi vorreste che sprecassi il mio tempo pulendo i cessi?»

«Sì, se vuoi la mia benedizione» rispose Bapuji, imperturbabile.

Shriman uscì incredulo dalla stanza. Passò una notte e una mattinata all'ashram e infine si rassegnò a unirsi a noi, svuotando e sciacquando i secchi della latrina. Poi si lavò alla bell'e meglio e tornò da Bapuji. «Ho fatto ciò che avete chiesto. Ora datemi la vostra benedizione.»

«Calma» disse mio nonno con un sorriso. «Avrai la mia benedizione quando sarò convinto che hai pulito le latrine con lo stesso entusiasmo con cui intendi cambiare l'economia del paese.»

Non voleva mettergli i bastoni tra le ruote. Aveva visto l'arroganza del ragazzo e sapeva che gli sarebbe stata di intralcio per realizzare dei cambiamenti autentici. Se hai un ego sovradimensionato, ti è più difficile dimostrare rispetto e compassione nei confronti del prossimo e accetti più facilmente le distinzioni di casta e di classe. Convinto di avere ragione, non riesci a vedere le cose dal punto di vista altrui. Mio nonno voleva aiutare i poveri, e riteneva che per comprenderne appieno le esigenze bisognasse vivere come loro. Per questo la vita nell'ashram era semplice quanto quella delle persone più misere del paese. In India, i mestieri considerati degradanti, come pulire i bagni e smaltire l'immondizia, erano riservati ai cosiddetti intoccabili, i membri della casta infima della società, e Bapuji aveva intuito che, per trasformare l'economia in una direzione in grado di aiutare anche gli ultimi, Shriman doveva prima capire come vivevano. Lui si era comportato con modestia persino quando aveva condotto gli storici negoziati sul futuro dell'India. Ai suoi occhi l'umiltà non era un segno di debolezza o di sottomissione, tutt'altro. Aveva visto i danni e i conflitti causati dall'arroganza. Credersi superiori provoca rancore e violenza, e rende ciechi ai rapporti profondi che legano tutta l'umanità. Se non sei umile, disprezzi chi si trova in difficoltà; respingi i rifugiati perché non riesci a immaginare un futuro in cui anche a te potrebbe capitare di venire sradicato in modo altrettanto devastante; dimentichi che non sei migliore di un altro che cerca di sfuggire a una guerra o a una catastrofe naturale avvenuta nel suo paese, sei solo più fortunato. Oggi, circondati come siamo dai conflitti tra razze, classi, religioni e (sempre più) posizioni politiche diverse, dovremmo fare tesoro dell'insistenza di Bapuji sull'umiltà.

Alcuni cercano di dimostrare la propria deferenza e umanità proponendo la «tolleranza» reciproca, ma secondo me non è un atteggiamento del tutto corretto. Cosa c'è di più paternalistico che «tollerare» il prossimo? La parola stessa lascia intendere che siamo convinti di valere di più e che la nostra presunta accettazione è solo condiscendenza. Bapuji direbbe che la tolleranza non soltanto è inadeguata, ma addirittura accresce le distanze. Mentre è un nostro preciso dovere comprendere a fondo chi ha una storia diversa dalla nostra e avere appunto l'umiltà di accettare e apprezzare le differenze.

Molti americani sono rimasti scioccati dal livello di odio espresso da uno dei principali candidati alle elezioni presidenziali del 2016. Ha costruito un'intera campagna sulla denigrazione degli altri, cercando di persuadere gli elettori che votare per lui significava ergersi al di sopra di quei «diversi». Le sue farneticazioni somigliavano a quelle di tanti dittatori da operetta, che non hanno soluzioni reali da proporre al popolo e vivono in un castello di specchi, circondati dalla propria illusione di grandezza. Questo fenomeno non è una novità: i prepotenti e gli arroganti causano danni e rovina fin dagli albori della storia. Bapuji dovette affrontarne molti. Sosteneva che ad alzare la voce di solito sono quelli che hanno meno da dire. «Un bidone vuoto fa sempre un gran fracasso» mi disse una volta, con un sorriso. Chi ha idee, soluzioni e virtù autentiche non ha bisogno di sbraitare per ottenere ascolto.

Nel periodo in cui vissi a Sevagram, Bapuji era impegnato nella battaglia per l'indipendenza dell'India. Si oppose al compromesso della Partizione che avrebbe diviso il paese, creando uno Stato separato per i musulmani, l'odierno Pakistan. Sapeva che le famiglie musulmane e induiste che vivevano da sempre fianco a fianco sarebbero state sradicate, e la conseguenza sarebbe stata un altro ciclo di violenza. Difese i diritti delle donne e degli intoccabili, che spesso vivevano segregati in borgate ai margini delle città, senza accesso ai templi e alle scuole. Molti leader politici a lui vicini ritenevano secondaria la battaglia per i pari diritti, considerando prioritaria quella per l'indipendenza; al contrario, secondo Bapuji l'emancipazione universale non poteva aspettare. Animato da un'umiltà sincera, sapeva che qualsiasi forma di discriminazione è un'aggressione che danneggia l'intera umanità.

È più facile riconoscere l'oppressione quando a perpetrarla è una cultura diversa dalla nostra. Spesso gli americani restano allibiti all'idea che in India potesse esistere una casta di intoccabili. Perché gli indiani delle caste superiori si sentivano «contaminati» se un paria attingeva l'acqua al loro stesso pozzo? E, sia pure con dolcezza, rammento loro che negli Stati Uniti sono esistiti per anni bagni pubblici, fontane e piscine riservate ai «bianchi». Ma perché accadono certe cose? Forse la causa è la nostra arroganza, che ci convince di essere migliori degli altri. Oppure è proprio il timore inconfessato di essere uguali a indurci a segregare i cosiddetti «diversi», così da alimentare il nostro ego e il nostro complesso di superiorità.

Mio nonno sapeva che le vite e i destini di ogni abitante del pianeta sono strettamente intrecciati, e che serve umiltà per riconoscere la verità della nostra dipendenza reciproca. Per spiegarmi questo concetto, mi fece un esempio concreto. Un giorno mi chiese di raggiungerlo in camera con il mio arcolaio. Pensavo che ci saremmo seduti insieme come al solito, a conversare e filare il cotone. Invece, appena arrivato, mi disse di smontare la ruota del mio attrezzo. Ormai avrei dovuto sapere che le richieste del nonno avevano sempre un fine ben preciso, ma quella volta restai sconcertato. Comunque obbedii. E quando mi ritrovai con i pezzi del mio arcolaio sparpagliati sul pavimento, lui mi disse di filare un po' di cotone.

«Come faccio? La ruota è smontata.»

«Be', allora rimontala.»

Un po' piccato per l'inutile perdita di tempo, mi misi al lavoro. Avevo quasi finito quando lui tese una mano sotto la ruota più piccola, da cui sfilò una minuscola molla che strinse in pugno. Non aveva l'aria di volermela restituire.

«Senza quella molla l'ingranaggio non funziona» gli feci notare.

«Perché no? È un pezzetto così piccolo.»

«Sì, ma serve a far girare la ruota.»

«Figurarsi. Piccolo com'è, non può essere tanto importante.» Aprì il pugno e si avvicinò la molla agli occhi, fingendo di non riuscire quasi a vederla. «Secondo me puoi trovare il modo di far funzionare l'arcolaio anche senza questo dettaglio irrilevante.»

«No, è impossibile» risposi deciso.

«Proprio così» esultò infine. Attese che avessi assorbito il concetto, poi lo esplicitò. «Ogni parte è importante e contribuisce al tutto. Così come questa minuscola molla è necessaria per far funzionare l'arcolaio, allo stesso modo ogni individuo è indispensabile per la società. Nessuno è sacrificabile o irrilevante. Dobbiamo lavorare tutti di concerto.»

Ogni parte è importante e contribuisce al tutto.
Così come questa minuscola molla è necessaria
per far funzionare l'arcolaio, allo stesso modo
ogni individuo è indispensabile per la società.
Nessuno è sacrificabile o irrilevante.
Dobbiamo lavorare tutti di concerto.

Nella vita, come nell'arcolaio, ogni parte deve essere funzionante perché le ruote girino a dovere. La lezione di Bapuji potrebbe essere la chiave anche per il successo negli affari. Nelle grandi multinazionali i veri leader sanno che il loro valore proviene dai dipendenti. Se hanno l'umiltà di trattare tutti con rispetto e di riconoscere l'importanza di ciascuno, l'azienda avrà più probabilità di prosperare. Recentemente, la gigantesca catena di negozi Walmart ha deciso di mettere in pratica questo principio aumentando gli stipendi di tutti i lavoratori. La Walmart ha un numero di impiegati superiore a quasi qualsiasi altra azienda privata al mondo, perciò la sua è stata una decisione audace e dispendiosa. Sul breve termine avrebbe perso denaro, tuttavia aveva scommesso che un trattamento migliore avrebbe reso i dipendenti più collaborativi e industriosi. I primi risultati sono stati incoraggianti. I negozi hanno cominciato a funzionare meglio e i sondaggi sulla soddisfazione dei clienti hanno superato ogni previsione.

Bapuji non avrebbe fatto caso al prezzo azionario o alla redditività della Walmart, ma di sicuro avrebbe ammirato una teoria economica in linea con i suoi precetti umanitari. L'operaio che riempie gli scaffali di un negozio è come la molla dell'arcolaio: senza di lui, l'intero ingranaggio si inceppa. Trattarlo con rispetto può significare il successo di tutta l'impresa. Un dirigente abbastanza umile da riconoscere l'importanza dei lavoratori sarà più efficace di un altro talmente arrogante da credere che i buoni risultati dipendano soltanto dalle decisioni prese tra le pareti del suo ufficio.

Su scala più ampia, commettiamo un errore madornale ignorando intere popolazioni, nella convinzione di contare più di loro. Gli attentati kamikaze scuotono il mondo, persino da prima dell'11 settembre 2001. Del tutto indifferenti alla propria vita, quei giovani musulmani sono pronti a sacrificarla per quella che ai loro occhi (per quanto offuscati) appare una causa superiore. La gran parte di noi resta allibita davanti a una scelta simile, così in conflitto con la nostra idea del valore supremo della vita. Ma la spiegazione di quel gesto potrebbe essere proprio il messaggio di irrilevanza che la nostra società ha comunicato a quei giovani, abbandonandoli a uno stato di disperazione e povertà tali da convincerli che di fatto le loro vite non valgono niente. Non intendo giustificare quel gesto atroce, tuttavia lo ritengo un segnale di allarme che ci rammenta come gli individui emarginati possano trovare modi molto pericolosi di dimostrare la propria esistenza. Se non sono messi nelle condizioni di contribuire al funzionamento dell'arcolaio, c'è il rischio che decidano di distruggerlo. La violenza in alcuni dei quartieri più poveri delle città americane ha un'origine analoga. Quando ignoriamo o umiliamo un certo gruppo etnico o religioso, dimostrando a quelle persone che per noi non contano niente, le stiamo armando con l'unico strumento di affermazione a loro disposizione: la violenza.

Nell'epoca di Bapuji, come nella nostra, le più grandi tragedie umane si possono far risalire alla mancanza di umiltà e alle enormi disuguaglianze che ne derivano. Le guerre sono causate da leader arroganti e megalomani che aspirano a estendere il proprio potere e ad annientare o sottomettere gli altri. Gli attentati terroristici sono perpetrati da individui che si sentono abbandonati o dimenticati. In reazione al numero impressionante di giovani neri assassinati dalla polizia, negli Stati Uniti è sorto il movimento Black Lives Matter, e il nome è già eloquente: «Le vite dei neri contano». Ed è proprio questo il punto. Continuiamo a dimenticare o a rifiutare di accettare l'idea che tutti – donne, intoccabili, musulmani, induisti, sunniti, sciiti, ebrei, cristiani, migranti, profughi – contano. Dobbiamo smetterla di essere il bullo che nel cortile della scuola sbraita: «Io sono migliore di te», e renderci conto di quanto ci dimostriamo immaturi e miopi con questo atteggiamento. Bapuji insegnava che non basta far sì che la maggioranza possa condurre una vita decente. Non dobbiamo smettere di lottare finché *tutti* non avranno accesso ai vantaggi del progresso.

Mio nonno cominciò molto presto a riflettere su questo aspetto. Da bambino non riusciva proprio a comprendere perché gli fosse vietato giocare con il figlio dell'uomo che passava a raccogliere l'immondizia (un mestiere che rendeva «intoccabili» tutti i membri della sua famiglia). Crescendo, vide la popolazione indiana oppressa dal dominio coloniale inglese e poi, in Sudafrica, fu testimone degli effetti devastanti dell'apartheid imposto ai neri dai bianchi. Si rese conto che la discriminazione accade quando un dato gruppo si crede migliore degli altri e non ha remore a trattarli in modo non dignitoso. Si convinse perciò che l'antidoto poteva essere soltanto una grossa iniezione di umiltà.

All'inizio della sua battaglia in favore di un giusto trattamento degli indiani in Sudafrica, Bapuji incontrò il funzionario di governo incaricato della «questione indiana» e gli domandò per quale motivo la sua gente venisse vista come un «problema», quando di fatto gli indiani erano noti per l'industriosità, la frugalità e la cooperazione. Il funzionario si dichiarò d'accordo con lui. Era dalla sua parte, disse, ma aggiunse che il movente della discriminazione non andava ricercato in una presunta mancanza degli indiani. «I bianchi di questo paese non li temono per i loro vizi, ma per le loro virtù.»

È una lezione importante. Quando opprimiamo e neghiamo i diritti a qualcuno – le donne, le minoranze, i migranti – scegliamo di proposito di ignorare il loro valore. Ci sentiamo più forti sminuendoli. Ma è una forza illusoria. Chi è davvero sicuro di sé apprezza i talenti e le capacità degli altri, li celebra nella vittoria e li consola nella sconfitta.

Bapuji coltivò l'umiltà e dimostrò una forza autentica lavorando come volontario in un ospedale gratuito per i poveri di Durban, in Sudafrica. Accudiva e prestava assistenza ai malati, dedicandosi soprattutto a quelli che rischiavano di essere dimenticati. Quando, poco dopo, scoppiò la guerra Anglo-Boera, il conflitto scoppiato in Sudafrica a cavallo tra XIX e XX secolo tra la Gran Bretagna e le Repubbliche Boere, usò le competenze apprese in ospedale per organizzare un corpo di infermieri. Radunò oltre mille volontari indiani, molti dei quali lavoratori ridotti in uno stato di sostanziale schiavitù, addestrandoli al soccorso dei feriti. Gli scontri si svolgevano in gran parte su terreni troppo accidentati per le ambulanze, perciò Bapuji e i volontari trasportavano i feriti in barella. Spesso dovevano percorrere oltre trenta chilometri sotto un sole battente prima di raggiungere un ospedale da campo. Alla fine della guerra furono lodati per il loro valore, e gli inglesi insignirono mio nonno di una medaglia.

Bapuji restò turbato dalla mancanza di umanità favorita dalle guerre. Durante la precedente guerra Anglo-Zulu, esplosa nel 1879, aveva assistito ai massacri perpetrati dagli inglesi ai danni di nativi pressoché disarmati. «Erano come cacciatori in cerca di trofei» avrebbe dichiarato. Gli inglesi avevano armi da fuoco e cavalli, mentre gli zulu erano appiedati, e le loro uniche armi erano lance e bastoni. L'arroganza del potere spinge le persone a tirare fuori il peggio di sé.

Sia durante la guerra Anglo-Boera sia in quella Anglo-Zulu, mio nonno non fece mai distinzioni tra «amico» e «nemico»: lui e i suoi volontari assistevano gli zulu al pari degli inglesi, trattando tutti i feriti con uguale rispetto.

Quelle esperienze lo convinsero che le società commettono un errore tremendo quando utilizzano la violenza come mezzo per assumere controllo e potere. La vera ricchezza non viene dal denaro o dalla prevaricazione, bensì dalla consapevolezza della dignità di ciascuno. «Il bene di ogni individuo dipende dal bene di tutti» mi spiegò.

Riteneva che gran parte della violenza nel mondo sia la conseguenza di quelli che chiamava i «Sette peccati della società»:

- *Ricchezza senza lavoro.*
- *Piacere senza coscienza.*
- *Commercio senza moralità.*
- *Scienza senza umanità.*
- *Conoscenza senza carattere.*
- *Religione senza sacrificio (non di animali ma di ricchezze).*
- *Politica senza principi.*

A cui ho aggiunto un ottavo:

- *Diritti senza doveri.*

Una volta realizzato che ogni vita conta, possiamo usare questo principio per creare cambiamenti a vantaggio di tutti. Bunker Roy, un educatore indiano che ammiro molto, ha studiato nelle scuole più prestigiose del paese ed è stato campione nazionale di squash per tre anni. «Avevo il mondo ai miei piedi: qualunque cosa desiderassi era alla mia portata» ammette. Ma invece di usare la sua formazione costosa ed elitaria per diventare medico o diplomatico, come avrebbero voluto i suoi genitori, ha deciso di vivere nei villaggi più poveri e di scavare dei pozzi. Si è presentato agli abitanti con grande umiltà. Non ha cercato di insegnare agli anziani, al contrario, ha chiesto di imparare da loro. È nato così il movimento divenuto noto come Barefoot College, il college degli scalzi, che impiega le competenze già esistenti per aprire la strada a nuove idee e possibilità. L'approccio di Roy si basa sui principi predicati da mio nonno: uguaglianza e umiltà. Come nell'ashram di Bapuji, Roy incoraggia le persone a unirsi a lui per mettersi alla prova e rendersi utili, non in vista di un guadagno. All'inizio mangiavano, lavoravano e dormivano tutti sul pavimento. Invece di imporre le sue idee ai poveri, Roy ha deciso di concentrarsi su ciò che *loro* consideravano importante. E, specie nei villaggi più isolati, saper leggere e scrivere non era in cima all'elenco di priorità: la gente chiedeva elettricità e acqua corrente. Così Roy ha insegnato alle donne indigenti e analfabete a diventare ingegneri dell'energia solare. Il successo è stato incredibile. Nel giro di poche settimane, e senza bisogno di libri o manuali, quelle donne impararono a incanalare un'energia sufficiente a illuminare interi villaggi. E adesso le donne del Barefoot College hanno diffuso l'iniziativa in ogni parte dell'India. Visti i risultati straordinari del suo approccio, anche altri governi hanno chiesto l'aiuto di Roy, e lui ha esportato i suoi metodi in Afghanistan e in molte zone dell'Africa. Per lui è un punto d'onore sottolineare che il merito dell'energia elettrica in tanti villaggi della Sierra Leone, del Gambia e di altri paesi spetta a donne anziane e analfabete.

Gli abitanti del primo villaggio in cui si presentò pensavano che Roy fosse un ricercato, o un fallito. Non riuscivano a credere alla sua idea che i poveri abbiano già a disposizione le competenze necessarie per realizzare qualcosa, e che devono soltanto imparare a convogliarle in una nuova direzione. Poiché le donne del suo college non sanno leggere o scrivere, e parlano tutte lingue diverse, Roy non ha perso tempo a stampare libri o a mettersi in cattedra: per insegnare usa il linguaggio dei gesti e le marionette. E, scherzando, racconta di avere imbottito i suoi pupazzi con i rapporti della Banca mondiale, per sottolineare che le soluzioni escogitate dagli esperti e dalle grandi istituzioni non sono necessariamente migliori di quelle della gente comune. Il suo college è l'unico in India a rifiutarsi di assumere insegnanti con un dottorato o un master. Le conoscenze che servono sono quelle di chi svolge un lavoro manuale e ne conosce la dignità. C'è bisogno di una grande umiltà per capire che, pur avendo frequentato le scuole migliori, hai comunque da imparare da donne anziane, povere e analfabete. Roy cita spesso una frase di mio nonno: «Prima ti ignorano, poi ridono di te, poi ti dichiarano guerra, e alla fine vinci». Lui ha vinto attenendosi ai principi dell'uguaglianza e dei processi decisionali collettivi. Capita fin troppo spesso che persone benintenzionate arrivino in un villaggio con un proprio progetto di aiuti preconfezionato. Roy invece ha avuto l'umiltà di apprendere le competenze degli abitanti e di collaborare con loro per metterle a frutto. Ha proposto una tecnologia che loro stessi potevano usare e controllare.

Prima ti ignorano, poi ridono di te,
poi ti dichiarano guerra, e alla fine vinci.

Il successo del Barefoot College dimostra che gli ideali di umiltà di mio nonno e il suo spirito di servizio possono ancora determinare cambiamenti epocali. E ci rammenta che si possono realizzare grandi cose rivolgendoci al mondo senza arroganza.

Mio nonno aveva un'opinione realistica di se stesso. Aveva ottenuto risultati straordinari, eppure non si considerava una persona speciale. Disse: «Non ho il minimo dubbio che chiunque altro avrebbe potuto raggiungere i medesimi traguardi, impegnandosi con la stessa devozione e coltivando speranza e fiducia».

È facile *dire* che apprezziamo il valore di tutti. Molto più difficile è dimostrarlo nella pratica. Di solito siamo convinti di avere ragione, e che le nostre siano le scelte giuste, e dunque che quelle altrui siano sbagliate. Gli psicologi hanno scoperto che invece di raccogliere informazioni e poi prendere una decisione, di solito partiamo da un'idea preconcetta e ci concentriamo soltanto sui fatti in grado di confermarla. È un meccanismo inconscio, che attiviamo sia nelle questioni importanti sia in quelle più ordinarie. Se per esempio volete comprare una macchina nuova, prima ne individuate una che vi piace e in seguito cercherete di giustificare la vostra preferenza con argomenti che dimostrino perché sia la migliore. Ci comportiamo così anche in occasione delle elezioni. Invece di soppesare accuratamente i fatti, scegliamo il «nostro» candidato, dopodiché seguiamo solo le notizie positive sul suo conto, trascurando del tutto quelle negative.

Anche a me è capitato di prendere una decisione d'impulso, certo che fosse quella giusta, salvo poi rendermi conto che avevo mancato di umiltà, ignorando il punto di vista altrui. Nel 1982 Richard Attenborough diresse il film *Gandhi*, basato sulla vita di mio nonno. Io mi preoccupai molto quando fui informato del progetto. Attenborough aveva deciso di non consultare nessun membro della famiglia e, inoltre, venni a sapere che il governo indiano aveva speso venticinque milioni di dollari per finanziare le riprese. Inorridito, scrissi un articolo per il «Times of India», criticando il governo e dichiarando che mio nonno avrebbe preferito vedere quel denaro investito in favore dei poveri. Una cifra simile avrebbe avuto un impatto enorme sulle vite delle persone. Usarla per un film mi sembrava uno spreco. Nell'imminenza dell'uscita, fui invitato a una proiezione in anteprima. Entrai in sala pieno di apprensioni... e mi ritrovai commosso fin quasi dalle prime scene. C'era qualche imprecisione, però il film coglieva alla perfezione lo spirito di mio nonno. In apertura, compariva una scritta in cui il regista dichiarava che, pur non avendo potuto narrare tutti gli eventi della vita di Gandhi, si era sforzato di essere «fedele allo spirito della storia... e al cuore del protagonista». Era riuscito nell'intento. Al ritorno a casa, scrissi un articolo in cui ritrattavo le critiche precedenti e affermavo che, a visione avvenuta, avevo solo ammirazione e lodi per il film.

Interpretando mio nonno, l'attore protagonista – Ben Kingsley – avrebbe portato il suo messaggio di nonviolenza e amore a milioni di persone che altrimenti non ne avrebbero mai saputo nulla. *Gandhi* vinse otto premi Oscar, compresi quelli, tutti meritati, per miglior film, miglior attore protagonista e miglior regia.

E io appresi una grande lezione di umiltà.

Bapuji voleva che ci sbarazzassimo delle etichette con cui ci bolliamo l'un l'altro e delle distinzioni di genere, nazionalità e religione. Diffidava del patriottismo, che rischia di indurci a proteggere il nostro orticello a discapito del resto del mondo. Asserragliandoci in gruppi rigidi, dimostriamo la convinzione che il nostro modo di vivere sia migliore di quello degli altri e chiudiamo gli occhi e le orecchie alle loro ragioni. È un atteggiamento che porta solo a conflitti e aggressività. La nonviolenza insegna appunto a essere umili e a rispettare il punto di vista e le aspirazioni altrui.

Non è sempre facile rinunciare alle etichette per mettersi nei panni di qualcun altro, ma i risultati possono rivelarsi straordinari. Qualche tempo fa fui invitato a parlare di nonviolenza in una scuola di Rochester, nello Stato di New York. Spiegai agli studenti la filosofia di mio nonno e la sua convinzione per cui trattare le persone con amore, rispetto e dignità è l'antidoto più efficace alla nostra rabbia e disperazione. Dopo la conferenza, l'insegnante chiese agli studenti di trovare ciascuno un modo per mettere in pratica il messaggio di Bapuji nella vita quotidiana, e mi invitò a tornare un mese dopo per ascoltare le loro esperienze. In quell'occasione, una ragazza robusta disse che il suo essere in sovrappeso l'aveva resa bersaglio di molte derisioni e bullismo. In passato aveva sempre reagito con rabbia, insultando le persone che la maltrattavano. Dopo aver partecipato alla conferenza aveva deciso di cambiare atteggiamento, sperimentando l'approccio di Bapuji. Quando qualcuno la offendeva, lei rispondeva con dolcezza, sorprendendo i bulli al punto da lasciarli disarmati. Viste quelle reazioni, la ragazza aveva fondato un club chiamato Hearts of Diamond, cuori di diamante, per invitare altri compagni a risolvere i conflitti con l'amore anziché con l'aggressività.

La sua iniziativa mi colpì moltissimo. Aveva capito da sola una verità molto importante: i bulli vittimizzano i deboli per sentirsi più forti, ma in realtà non lo sono per niente. La tecnica di quella ragazza li faceva sentire accettati e, di conseguenza, ne disinnescava la rabbia. La sua accettazione di sé contribuiva alla loro. Invece di sgomitare, sbraitare e lottare per conquistarsi uno scettro immaginario, avevano sperimentato la felicità di sentirsi uguali, nell'amore e nella stima reciproci.

Bapuji era un convinto sostenitore della giustizia e del rispetto nella società civile. Non pretendeva un'uguaglianza economica assoluta, ma non avrebbe mai acconsentito alle enormi disparità finanziarie che vediamo oggi nel mondo. Quando le persone di successo si chiudono in quartieri sorvegliati, isolandosi dal dolore e dalla sofferenza degli altri, le disuguaglianze non possono che creare problemi. A tutti piace attribuirsi il merito di un traguardo, ma la verità è che nessuno di noi può arrivarci da solo. Dobbiamo avere l'umiltà di riconoscere ed essere grati del contributo altrui alla nostra prosperità.

Conosco un uomo di nome Rajendra Singh che dopo la laurea in medicina aveva aperto un ambulatorio nel piccolo villaggio di Sariska, in una delle regioni più aride dell'India. Qualche settimana dopo il suo arrivo, un anziano gli disse che agli abitanti non servivano medicine o istruzione. Ciò di cui avevano bisogno era l'acqua. Invitò il medico a fare una passeggiata e gli mostrò i molti crepacci nelle pareti della catena montuosa. «La poca pioggia che riceviamo si infila in quelle fessure e sparisce nel sottosuolo» spiegò, e citò un sistema tradizionale per la raccolta dell'acqua: lo scavo di piccoli stagni in cui conservarla. Al dottor Singh l'idea sembrò sensata e suggerì all'uomo di lanciare il progetto. «Io sono troppo vecchio, e la gente del villaggio mi considera un eccentrico» rispose lui. «Tu invece sei un uomo istruito, con tanto di laurea. A te daranno retta.» Ispirandosi all'insegnamento di mio nonno, il dottor Singh decise di guidare con l'esempio. Scavò un paio di vasche sul suo terreno che all'arrivo delle piogge si riempirono d'acqua, e anche la terra arida tutt'intorno cominciò ad assorbirla. Gli abitanti del villaggio rimasero molto colpiti e chiesero il suo aiuto per realizzarne altre. Nel giro di poco, i campi si costellarono di stagni, la terra tornò fertile e la comunità riprese vita. A quel punto il dottor Singh cominciò ad aiutarne altre a raccogliere l'acqua piovana. Ha già trasformato più di mille chilometri quadrati di terra arida in un paradiso agricolo, e tutto questo senza bisogno di inventare nuove tecnologie o lanciare progetti multimilionari: è bastato affidarsi alle competenze già presenti nella comunità. La metamorfosi determinata dalla disponibilità dell'acqua gli ha rammentato quanto il «flusso» sia essenziale in ogni aspetto delle nostre vite. Gli individui fioriscono e prosperano quando sono immersi nel fiume della comunità.

L'umiltà che ci permette di apprezzare gli altri crea un mondo più dinamico e positivo, e rende tutti più forti. Verso la fine del suo secondo mandato, l'ex presidente Barack Obama ha ringraziato le molte persone che avevano contribuito al suo successo e ha invitato la nazione a non considerarsi soltanto «un'accozzaglia di tribù che non potranno mai capirsi a vicenda», ma a riconoscere «l'umanità che ci accomuna, affinché la società diventi uno spazio in cui possiamo incontrarci, imparare gli uni dagli altri e amarci a vicenda». Mio nonno l'avrebbe applaudito.

A dispetto delle conoscenze e della tecnologia di cui disponiamo, dobbiamo avere l'umiltà di ammettere che resta ancora molto da imparare. Gli astrofisici più all'avanguardia hanno stimato che oggi conosciamo soltanto circa il cinque per cento del cosmo. Tutto il resto è ancora ignoto e inesplorato. Le scoperte future avranno molte fonti diverse. Dobbiamo essere capaci di affidarci agli abitanti dei villaggi quanto ai grandi pensatori per ampliare la nostra visione del mondo. Come diceva mio nonno: «Spalancate ogni finestra alla brezza della conoscenza».

Spalancate ogni finestra
alla brezza della conoscenza.

I CINQUE PILASTRI DELLA NONVIOLENZA

Molti di noi ritengono che le persone importanti siano tutte seriose e altezzose. Io invece ricordo mio nonno come un uomo gentile e spiritoso, che amava ridere e scherzare. La sera, all'ashram, gli piaceva uscire per fare una passeggiata di un paio di chilometri, e spesso lo accompagnavo. Bapuji era alto appena un metro e settanta e, quando avevo quattordici anni, lo superavo già di una spanna. Anche un altro ragazzo si univa a noi, e il nonno si appoggiava alle nostre spalle. Diceva che eravamo i suoi «bastoni da passeggio». Quando meno ce lo aspettavamo, sollevava i piedi da terra e si lasciava dondolare, strillando e divertendosi come un bambino. Se, colti alla sprovvista, chinavamo il busto, lui scoppiava a ridere. «Dovete stare più attenti!»

L'umorismo lo aiutava a conservare il senso delle proporzioni e la sua arguzia innata gli permetteva di non far sentire gli altri in soggezione. Con il passare degli anni, il mondo si è concentrato sempre più sulle sue nobili qualità, dando per scontato che fosse stato un santo fin dalla nascita. Lui invece sosteneva di non essere nato con talenti particolari, e spesso mi rammentava le sue origini modeste. Aveva raggiunto la grandezza solo grazie alla determinazione e all'impegno, e insegnava che il cambiamento è alla portata di tutti. Basta volerlo.

Gandhi usava il digiuno come arma di protesta, eppure quand'era più giovane, e non si era ancora convertito alla vita ascetica, il cibo per lui aveva tutt'altro significato. Gli piaceva mangiare, e uno dei suoi piatti preferiti era un pane dolce indiano chiamato *puran poli*. Un giorno, in Sudafrica, lui e la nonna – che in casa chiamavamo Ba – invitarono alcuni ospiti a pranzo. La mattina, attirato dagli aromi che filtravano dalla cucina, Bapuji andò a raggiungere Ba e fu felicissimo di scoprire che stava preparando il suo pane preferito. Poi però guardò le quantità e disse, in tono preoccupato: «Non basta per tutti gli ospiti».

«Ce n'è in abbondanza» rispose lei senza scomporsi.

«Quelli che stai preparando, sarei capace di mangiarli tutti anche da solo!» insistette lui.

«Figurarsi» ribatté mia nonna scuotendo la testa.

«È una sfida?» domandò Bapuji, con un lampo di divertimento negli occhi. «Coraggio, allora, finisci di cucinare e vediamo chi ha ragione.»

Mia nonna preparò diciotto *puran poli*, ciascuno delle dimensioni di un grosso pancake, e mio nonno li divorò allegramente dal primo all'ultimo. Ba dovette dichiararsi sconfitta.

In seguito Bapuji rinunciò al suo amato *puran poli* (chissà, magari dopo quella volta lo nauseava!) e a molte altre pietanze, a mano a mano che le sue abitudini diventavano più frugali. Durante la mia permanenza all'ashram, si concedeva soltanto i cibi più insapori, senza né sale né spezie. Una volta chiesi ad Abha, la parente che cucinava per lui, di lasciarmi assaggiare il suo pranzo.

«Dubito che possa piacerti» mi avvertì. «Non sa di niente.»

Era una sbobba di verdure bollite nel latte di capra. Ne presi un cucchiaio, ma non riuscii quasi a deglutirlo.

Quando incontrai Bapuji, gli domandai perché si fosse imposto un'alimentazione tanto poco invogliante.

«Io mangio per vivere, non vivo per mangiare» mi rispose con un sorriso.

Come ho detto, Bapuji non era perfetto, e forse portò la sua semplicità a un estremo eccessivo. Ma il suo scopo era dimostrare che, se ci abituiamo a vivere con poco, possiamo aiutare chi non ha niente.

Lui credeva nel potere dell'autoperfezionamento. A volte richiede uno sforzo enorme, più spesso invece è sufficiente solo il giusto stimolo, e mio nonno era convinto che anche i piccoli gesti siano capaci di determinare un effetto a valanga. Come suo solito, però, non mi insegnò la lezione con le prediche: lasciò che la apprendessi dal suo esempio e dai suoi racconti.

Una sera, mentre sedevamo tranquilli a filare, mi raccontò di un giovane disordinatissimo, che viveva da solo in un piccolo appartamento. Non faceva mai le pulizie né faceva mai ordine in casa, e tutto era coperto da uno strato di polvere. «Il lavabo era sempre ingombro di stoviglie sporche» precisò. «La torre di piatti arrivava fino al soffitto!» Il ragazzo era consapevole di vivere in un porcile, ma si sentiva al sicuro nel suo isolamento: poiché evitava accuratamente di invitare ospiti, nessuno avrebbe visto e giudicato.

Poi, al lavoro, conobbe una donna e si innamorò di lei. Cominciò a frequentarla, sempre invitandola fuori. Spesso andavano a passeggiare al parco e sedevano a chiacchierare sulla sponda del fiume. Un giorno lei colse una bellissima rosa rossa e gliela regalò.

Era un dono d'amore, e persino un uomo che si era ridotto a vivere nel più assoluto squallore comprese che andava custodito con rispetto. Portò la rosa a casa e, dopo aver frugato tra i piatti luridi, trovò un vaso, lo lavò, lo riempì di acqua fresca e ci infilò il fiore. Ora però gli serviva un posto decente per sistemare il vaso, così sgomberò il tavolo da pranzo. Il vaso stava bene là, ma sarebbe stato ancora meglio al centro di una stanza ordinata. Così lui spazzò la stanza e lucidò il pavimento. Poi lavò i piatti. E la reazione a catena proseguì finché l'intero appartamento fu lustro come uno specchio. Il dono della donna gli aveva suscitato il desiderio di vivere in un ambiente bello quanto la rosa. Quel piccolo atto d'amore gli aveva cambiato la vita.

Io ero ancora un adolescente impacciato, ma il racconto mi commosse. Abbiamo tutti i nostri difetti, eppure un semplice gesto di tenerezza può farci sentire accettati e indurci a diventare migliori. Seduto al mio arcolaio, giurai a me stesso di impegnarmi a fondo (e di non trascurare i mestieri di casa!), per essere degno dell'amore della donna che avrei incontrato in futuro.

Bapuji credeva nel grande potere dell'amore, ma non era un romantico ingenuo. Aveva un motivo più profondo per raccontarmi quella storia. Voleva spingere me – e tutti noi – a *essere* le rose del mondo. Ciascuno di noi può offrire una scintilla di luce e speranza che stimola ravvedimento negli altri. Un solo esempio luminoso di amore, speranza e verità mostra con chiarezza la sporcizia circostante. E quando quello «sporco» appare evidente, anche la scelta diventa chiara: continueremo a lasciar posare la polvere o aggiungeremo rose al vaso? Quando siamo buoni, infondiamo anche agli altri l'aspirazione a migliorarsi.

E un'ultima cosa a proposito di quel racconto: il nostro scapolo disordinato si era rimesso in riga senza che qualcuno gli muovesse critiche. Non aveva bisogno di sentirsi dire in cosa sbagliava, lo sapeva da sé. Erano stati sufficienti l'esempio e l'ispirazione a renderlo felice di lavare i piatti invece di accatastarli nel lavabo. Se la donna, anziché donargli la rosa, si fosse lagnata delle sue cattive abitudini, forse lui non sarebbe cambiato. Noi tutti reagiamo meglio agli incentivi positivi che a quelli negativi. È sempre controproducente sottolineare le mancanze di un collega, di un amico o di un parente. Sentendosi aggrediti, si metteranno sulla difensiva, irrigidendosi sulle proprie posizioni. Se al contrario troviamo qualcosa da lodare e ammirare, potremo promuovere i comportamenti che ci piacciono e che speriamo di incoraggiare.

L'esempio di generosità e dolcezza offerto da Bapuji servì al cambiamento dell'India quanto tutte le parole che pronunciò e che scrisse. Uno spirito ottimistico è uno dei doni più efficaci che possiamo offrire a noi stessi e agli altri. Oggi gli psicologi hanno scoperto che la semplice manifestazione di sentimenti positivi come l'amore, la gratitudine e la generosità potenzia in modo sensibile il nostro stesso benessere interiore, con ricadute positive persino sulla salute: pressione più bassa, diminuzione dello stress e dell'insonnia. L'approccio nonviolento di Bapuji ha dato al mondo un modo costruttivo e incoraggiante per affrontare anche le situazioni all'apparenza più disperate.

L'immagine tipica di mio nonno ne mette in luce l'indefettibile fedeltà ai principi e la prontezza a lottare anche da solo contro le ingiustizie, senza mai scendere a compromessi. Ma alcuni degli storici più attenti hanno osservato che era in primo luogo un grande negoziatore. Uno dei suoi maggiori talenti era l'empatia con l'avversario e la comprensione della sua posizione. Gandhi non inaugurò la lotta per l'indipendenza mediante uno scontro frontale, bensì attraverso il tentativo di negoziare con il governo inglese, conservando un atteggiamento rispettoso e pacato. Solo dopo aver verificato che l'approccio non funzionava decise di sperimentarne altri. La Marcia del Sale è un esempio del livello successivo. Molti in India erano impazienti di conquistare subito la libertà e l'indipendenza, e in tutto il paese erano scoppiati disordini e attentati. Mio nonno invece offrì un modo pacifico per esprimere lo scontento e mirare al cambiamento. La nonviolenza favorisce il bene e la speranza in persone che altrimenti si lascerebbero prendere dall'amarezza e dalla rabbia. La calma tenacia di mio nonno e il suo sorriso inalterabile rammentarono a tutti che è sempre meglio cercare sistemi positivi invece che abbandonarsi alla disperazione.

Qualche anno dopo la Marcia del Sale, il parlamento inglese promulgò la Legge per il governo dell'India, il primo passo verso l'autodeterminazione di trecento milioni di indiani. Molti la considerarono una grande vittoria per mio nonno, ma lui voleva essere certo che il messaggio fondamentale di amore e nonviolenza fosse stato recepito. Il suo obiettivo non era soltanto rimpiazzare un governo con un altro. Il movimento nonviolento *satyagraha* – che come ricorderete significa «forza d'animo» – andava ben oltre la politica. Un giornalista, che all'epoca fu un suo oppositore, descrisse una riunione cui aveva assistito e alla quale partecipavano alcuni degli indiani che avrebbero preso il posto dei funzionari inglesi. Li trovò arroganti e freddi quanto gli uomini che avrebbero sostituito. L'espressione di mio nonno, invece, gli sembrò «piena di un'innocenza e una benevolenza straordinarie: dai suoi occhi si irradiavano due fasci di luce». Non era d'accordo con le sue posizioni, eppure restò incantato.

Quei «fasci» erano il riflesso dell'amore sincero, della bontà autentica e dello spirito positivo che Bapuji metteva in ogni suo gesto. Si trae grande forza dallo spirito di positività e di amore che infondiamo nelle nostre azioni. Gandhi non considerò mai il suo movimento *satyagraha* in termini strettamente utilitaristici. Voleva convincere gli inglesi a cambiare posizione, ma anche portare al mondo una maggiore comprensione e diffonderne la luce ovunque.

Sapeva che le religioni e i governi usano spesso la paura per conservare il potere. Le prime controllano le persone con la minaccia di un dio intransigente che le condannerà all'inferno se non ne rispettano i precetti, e spesso i fedeli scagliano giudizi, ostracizzando chi non accetta le loro opinioni e pretese. I secondi possono usare forme di controllo più dirette, come sanzioni e carcere. E, come abbiamo visto, a volte persino genitori e insegnanti ricorrono all'arma delle minacce e delle intimidazioni per esercitare la propria autorità.

Bapuji era solito dire: «Guidate il mondo con l'amore, non con il terrore». E la sua dolcezza, generosità e ottimismo gli conquistarono folle di seguaci.

Guidate il mondo con l'amore, non con il terrore.

Per mio nonno il pacifismo era un concetto ben più vasto della semplice astensione dall'aggressione fisica. Improntò la sua vita ai cinque pilastri della nonviolenza, e li impartì anche a me. Io, a mia volta, ho cercato di metterli in pratica.

- *Rispetto.*
- *Comprensione.*
- *Accettazione.*
- *Gratitudine.*
- *Compassione.*

A volte sento dire che la visione di Bapuji era utopistica e impossibile da realizzare nel mondo reale. Io sono convinto del contrario. I principi cui si ispirava sono la base stessa della civiltà, e noi siamo abituati a ignorarli a nostro rischio e pericolo.

Rispetto. Comprensione. Accettazione.
Gratitudine. Compassione.

Il rispetto e la comprensione del prossimo, a prescindere dalla sua religione, razza, casta o nazionalità, sono l'unica via possibile per il progresso. Alla fine i muri e le divisioni ci si ritorcono sempre contro, provocando rancore, ribellione e violenza. Al contrario, quando ci rispettiamo e ci comprendiamo a vicenda, evolviamo in modo naturale verso il terzo pilastro: l'accettazione. La capacità di accogliere visioni e posizioni diverse accresce la nostra forza e saggezza.

Gli altri due pilastri della nonviolenza – gratitudine e compassione – contribuiscono alla felicità e al senso di appagamento personale quanto all'armonia del mondo. La prima ha effetti molto profondi e può cambiare radicalmente le nostre vite. Le persone più felici non sono le più ricche, ma quelle che apprezzano la bellezza e la bontà che le circonda. È facile trovare motivi di scontento, criticando e puntando il dito su ciò che non va. Ci darà molta più gioia cercare ogni giorno qualcosa per cui essere grati.

Bapuji era un maestro nell'apprezzare il mondo che lo circondava. Cercava il bene in tutti. Nei miei viaggi in India incontro bambini e famiglie infinitamente più poveri degli americani e che tuttavia sembrano molto più felici. A volte mi chiedo se la nostra ossessione ad accumulare beni materiali non ci abbia resi ottusi. È come se, dopo una vita passata ad abbuffarci a un banchetto sontuoso, non fossimo più capaci di gustare una mela. La maggior parte di noi non adotterà la frugalità estrema che Bapuji scelse per sé, ma possiamo usarla come modello, per rammentarci che a volte meno è di più. Meno cose e distrazioni possono affinare il nostro senso di gratitudine e il piacere che traiamo dalla vita, e dunque renderci più felici.

Se la gratitudine non vi viene naturale, potete apprenderla facilmente. Soffermatevi per qualche minuto ogni giorno a contemplare un tramonto o un fiore appena sbocciato, o ad ascoltare la risata di un bambino. Guardate la vostra vita dall'esterno e immaginate quante persone a questo mondo sarebbero felici di trovarsi dove siete voi. Scrivete un elenco di tutto ciò che apprezzate della vostra famiglia e dei vostri amici e poi tenetelo in un cassetto, per rileggerlo nei giorni in cui avrete bisogno di rammentare a voi stessi che la gratitudine viene da dentro, non da fuori.

Commettiamo una violenza contro noi stessi quando ci concentriamo su ciò che manca invece di ringraziare per i doni che ci sono stati concessi. Non serve seguire una particolare religione e nemmeno credere in Dio per apprezzare i prodigi e i misteri dell'universo; li abbiamo sempre davanti agli occhi. Una maggiore gratitudine cambierà il nostro atteggiamento e il nostro modo di vedere il mondo.

Fin troppo spesso ci paragoniamo a chi ha più di noi, mentre la gratitudine per ciò che abbiamo ci induce ad avere compassione nei confronti di chi ha bisogno del nostro aiuto. Non si tratta soltanto di staccare un assegno da donare in beneficenza (anche se questo aiuta parecchio). Uno sguardo davvero compassionevole vede non solo il bisogno ma anche i punti di forza degli altri, e cerca il modo di aiutarli a realizzare da soli le proprie aspirazioni. Guardando il prossimo con empatia si riconosce la sua dignità e lo si tratta da pari a pari.

Quando comprendete e accogliete gli altri nella vostra vita, i pilastri della nonviolenza si rivelano essenziali per il benessere e per la pace di chi vi è vicino e del mondo intero. Immaginate quanta felicità potremmo provare e trasmettere vivendo in base a questi principi: rispetto, comprensione, accettazione, gratitudine, compassione.

Bapuji trovava il modo di diffondere il suo messaggio persino nelle circostanze meno favorevoli. Qualche anno prima del mio arrivo all'ashram, il nonno si trovava a Londra per partecipare a un negoziato sul futuro dell'India. Come sempre, indossava la semplice tenuta di cotone artigianale che era diventata la sua uniforme. I funzionari inglesi lo trattarono con rispetto, e gli offrirono una residenza elegante e una scorta degne di un capo di Stato. Bapuji declinò. «Mi piacerebbe alloggiare tra gli operai tessili, meglio ancora come loro ospite» dichiarò.

I funzionari restarono allibiti. Bisogna ricordare che le iniziative di boicottaggio di Bapuji avevano danneggiato l'industria tessile inglese. Da quando gli indiani avevano cominciato a filare il cotone per proprio conto, le aziende inglesi non potevano più rivendere i tessuti a prezzi esorbitanti e gli operai incolpavano Gandhi dei tagli salariali.

«Tra gli operai rischierebbe la vita» lo mise in guardia un funzionario. «Il loro rancore è tale che temiamo per la sua incolumità.»

«Motivo in più per stare in mezzo a loro» ribatté lui con perfetta calma. «Così avrò la possibilità di spiegare in quale situazione si trova il popolo indiano.»

Con grande riluttanza, le autorità inglesi decisero di accontentarlo e Gandhi incontrò gli operai. Riservò loro tutto il rispetto e la comprensione che gli erano caratteristici. Descrisse l'estrema miseria in cui verteva la maggioranza della popolazione indiana e spiegò che tessere da soli il cotone aveva permesso agli abitanti dei villaggi di elevarsi al di sopra del mero livello di sussistenza. Si dimostrò solidale con la lotta degli operai inglesi, che a loro volta desideravano soltanto mantenere se stessi e le famiglie, ma li sollecitò a unirsi alla lotta per aiutare gli indiani a cominciare a emanciparsi dalla povertà. Gli operai lo ascoltarono con grande rispetto e si convinsero delle sue ragioni. Molti diventarono suoi sostenitori, schierandosi in favore dell'indipendenza indiana.

È raro che le persone animate dalla rabbia cambino idea e, ancora di più, che si associno a una causa contraria ai loro interessi. Ma attraverso l'ascolto e la comprensione, Bapuji era riuscito a disinnescare la rabbia degli operai, inducendoli a guardare le cose da un altro punto di vista. Li aveva aiutati a considerare il problema da una prospettiva globale e non soltanto personale.

Il movimento *satyagraha* è soprattutto celebrato per la nonviolenza *reattiva*, che consiste nell'unire le forze per richiamare l'attenzione su un'ingiustizia come la discriminazione o il razzismo, reagendo al problema e cercando di risolverlo con la resistenza passiva o spirituale. Oltre a mio nonno, anche molti altri militanti hanno adottato questo approccio, tra cui Martin Luther King e Nelson Mandela, che si opposero alla repressione e allo sfruttamento con manifestazioni pacifiche. Ma Bapuji credeva anche nella nonviolenza *proattiva*, cioè quella che prepara il terreno, spianando la via ad azioni positive future. Se diffondi comprensione e compassione, quei semi germoglieranno in alberi capaci di offrire un riparo contro la pioggia di ingiustizie a venire. Coltivare la sensibilità e la solidarietà degli operai tessili era stata una manifestazione di nonviolenza proattiva. Bapuji aveva gettato i semi della comprensione. In mancanza di quell'intervento, la rabbia dei lavoratori inglesi sarebbe potuta sfociare nell'opposizione o nella repressione violenta dei tentativi di emancipazione degli indiani. Invece, grazie all'apertura di un dialogo, anch'essi si associarono alla lotta.

L'impegno di mio nonno alla causa e alla conversione del mondo alla giustizia era così profondo che a volte gli faceva dimenticare di concedersi un momento di frivolezza e divertimento. Per fortuna c'era la nonna a rammentarglielo. Ba non sapeva né leggere né scrivere, ma Bapuji rispettava la sua saggezza e la ascoltava quando lei contestava le sue scelte di vita nell'ashram. Secondo Bapuji, la famiglia andava trattata alla stessa stregua di tutti gli altri membri della comunità. Quando, da piccolo, feci la mia prima visita all'ashram, scoprii che in gran segreto Ba preparava qualche croccante di arachidi da donare ai nipoti. Io adoravo il nonno, ma non tanto da rifiutare l'offerta di un dolce da parte della nonna. Con un sorriso scaltro lei faceva comparire il croccante, e lo mangiavamo insieme, di nascosto. Era un sotterfugio innocente di cui Bapuji era perfettamente al corrente, ma che non cercò mai di impedire.

Il 2 ottobre tutta l'India celebrava il suo compleanno, anche se all'ashram lui aveva vietato ogni festeggiamento. Non voleva un trattamento privilegiato. Durante il mio soggiorno, un gruppo di donne gli scrisse per chiedere il permesso di partecipare al suo pranzo di compleanno a Sevagram. Lui rispose che all'ashram quello era considerato un giorno qualsiasi, e per giunta non c'erano soldi a sufficienza per invitare ospiti. Ma le donne non si lasciarono scoraggiare. Arrivarono comunque nella data prefissata e all'ora di pranzo, quando tutti i residenti si riunirono sulla veranda della mensa, Ba notò che loro si erano appartate sotto un albero, per pranzare con il poco cibo portato da casa. Così si avvicinò.

«Perché sedete qui invece che unirvi a noi?»

«Il Mahatma dice che non potete permettervi di sfamarci, e che comunque non festeggiate il suo compleanno» spiegò una di loro.

«Oh, il vecchio dimentica che a volte serve un po' di svago!» esclamò la nonna. «A suo nome, vi invito a pranzare con noi.»

Bapuji non era misogino e ascoltava sua moglie. Anzi, sollecitò tutte le donne a uscire dalla cucina e a scendere per le strade, unendosi da pari agli uomini che lottavano per la libertà dell'India. «Fintanto che metà della popolazione del paese resta soggiogata» disse, «la libertà non significherà niente.»

L'appello per l'emancipazione femminile fu tra i più radicali della sua militanza. Da bambino, Gandhi aveva visto la madre, Putlibai, costretta a nascondere la curiosità intellettuale sotto il velo dell'asservimento domestico. Suo padre era al governo di una grande città indiana, e Putlibai avrebbe desiderato partecipare ai dibattiti con i leader politici e religiosi che si aggiravano per casa. Ma a metà dell'Ottocento, le donne indiane erano considerate incompetenti quanto i bambini, e dovevano conservarsi invisibili e sottomesse, perciò a lei era vietato mostrarsi a uomini non appartenenti alla famiglia. Quando si riunivano a discutere, al massimo poteva sedere in silenzio nella stanza accanto, sperando di cogliere qualche parola.

Nei discorsi tenuti ai raduni di preghiera o davanti a vaste platee, mio nonno raccomandava agli uomini di smetterla di segregare e trattare come schiave le donne. Ed esortava queste ultime a non credere al mito del sesso «debole» e bisognoso di protezione. Fin troppo spesso gli oppressi contribuiscono alle proprie catene interiorizzando l'immagine negativa spacciata dai dominatori. Gandhi incoraggiò le donne a emanciparsi da quella mentalità inibente e a reagire ai tentativi degli uomini di perpetuare il loro assoggettamento. «Nessuno potrà liberarvi finché non avrete liberato voi stesse» ripeteva.

Gli uomini dovevano «spezzare le catene di una tradizione datata e imparare a trattare le donne con il rispetto e la dignità dovuta a un partner alla pari». Condivideva ancora l'idea conservatrice che gli uomini avessero il vantaggio della forza fisica e le donne quello della forza spirituale, e tuttavia la sua chiamata a una piena partecipazione femminile alla vita pubblica precorreva i tempi. Molti leader politici sostenevano che lottare in favore dell'uguaglianza delle donne e degli intoccabili fosse una distrazione: bisognava pensarci dopo l'indipendenza indiana. Ma Bapuji tenne fede alla sua convinzione per cui non si può tollerare nemmeno per un istante l'oppressione, di qualunque forma o natura essa sia. La liberazione delle donne e delle caste inferiori non poteva aspettare.

Purtroppo invece è accaduto. Sebbene in gran parte dei paesi occidentali le donne abbiano conquistato opportunità inimmaginabili per mia nonna o la mia bisnonna, restano ancora religioni e culture che le trattano con lo stesso disprezzo toccato a Putlibai. E anche nelle società più aperte sono ancora troppe le donne che si delegittimano e non hanno il coraggio di emanciparsi dai vecchi stereotipi.

Aveva ragione Bapuji: il primo passo di ogni liberazione deve venire da dentro.

PREPARATI A ESSERE MESSO ALLA PROVA

I due anni che trascorsi nell'ashram di Sevagram furono un periodo cruciale sia della vita di Bapuji sia della storia mondiale. In India, tutte le forze politiche stavano raggiungendo la soglia critica. Il sogno dell'indipendenza stava per realizzarsi, al contempo si infranse quello di dare vita a un paese in cui la gente di ogni religione e casta avrebbe convissuto in pace e armonia, attraverso la creazione di uno Stato islamico separato. Gandhi si era sempre opposto a quest'idea, ipotizzata già da un decennio, ma non poté impedire la Partizione dei territori settentrionali, divenuti il Pakistan, o «Terra dei puri».

Muhammad Ali Jinnah era un leader del movimento in favore della Partizione. Come Bapuji, aveva iniziato la carriera da avvocato a Londra, tuttavia, diversamente da lui non aveva mai perso il sussiego (o l'arroganza) britannica. Era stato un avversario feroce di Gandhi, perciò molti restarono allibiti quando, alla vigilia dell'indipendenza, Bapuji propose a Lord Mountbatten, l'ultimo viceré inglese, di nominare proprio Jinnah alla carica di primo ministro dell'India. Riteneva che fosse l'unico modo di ristabilire la fiducia della minoranza islamica e di preservare l'unità nazionale.

A pensarci bene la proposta era davvero senza precedenti. I politici americani hanno un tale timore di perdere il potere da essere disposti a bloccare la legislazione, a congelare le nomine dei giudici alla Corte suprema, persino a paralizzare il governo a vantaggio del proprio ego e tornaconto individuale. Gandhi invece sosteneva che il bene della nazione travalica ogni sentimento e ambizione personale.

In seguito Lord Mountbatten avrebbe ammesso di essere rimasto «spiazzato» dalla proposta, ma poi decise che le circostanze non erano adatte per tentare iniziative idealistiche. Bisognava proseguire come stabilito, con Nehru primo ministro dell'India e Jinnah alla guida del Pakistan. Sentendosi estromesso da quei difficili negoziati, Bapuji si spostò in un'altra regione del paese per cercare di mettere fine agli scontri cruenti tra induisti e musulmani che stavano disseminando le strade di cadaveri.

Il 3 giugno 1947 i negoziati si conclusero e l'accordo fu firmato. L'India era libera dal dominio inglese, ma adesso era spaccata in due. L'imminente divisione dei territori scatenò scontri ancora più violenti tra gli estremisti di entrambe le religioni. Invece di attendere con gioia il 15 agosto, giorno dell'Indipendenza indiana, mio nonno aveva il cuore spezzato. Lo sradicamento di massa era già stato avviato. La Partizione avrebbe determinato la più vasta migrazione nella storia mondiale, con circa quindici milioni di persone in fuga dalle violenze settarie.

All'inizio di agosto, Bapuji cercò ancora una volta di intervenire contro le violenze e lo spargimento di sangue, organizzando un viaggio a Calcutta e a Delhi, dove si temeva un'escalation nei massacri. Avrei voluto accompagnarlo, ma lui si oppose. «Non è il posto adatto a un ragazzo» mi disse.

Fui costretto a restare all'ashram, mentre lui si avviava verso città dilaniate dai disordini, i cui abitanti tremavano al pensiero di cosa ne sarebbe stato di loro e delle famiglie dopo la Partizione. Il nonno era esterrefatto davanti a tanta brutalità. Quando il suo treno sostò a Calcutta, le autorità, temendo che l'arrivo di Gandhi esacerbasse gli animi, lo implorarono di fermarsi fino al giorno dell'Indipendenza. Lui acconsentì, a condizione di dormire sotto lo stesso tetto del leader della Lega musulmana, Huseyn Shaheed Suhrawardy.

«Nell'avversità si creano strane alleanze» dichiarò. Dietro quell'affermazione, però, c'era una strategia magistrale. Se il più celebre induista al

mondo e il musulmano più in vista della zona dimostravano di saper convivere, forse anche le masse per le strade avrebbero rinunciato alla violenza. I due si recarono insieme in un quartiere devastato dagli scontri etnici
per passare la notte in una casa rimasta abbandonata dopo il saccheggio.
Una folla ostile circondò mio nonno, e lui temette di essere ucciso. Tuttavia restò impavido accanto a Suhrawardy, e le sue parole pacate ebbero
un effetto sbalorditivo.

Il 15 agosto, invece di avviare nuove stragi, la gente di Calcutta mar-
ciò per le strade cantando: «Gli indù e i musulmani sono fratelli!». La
folla gettava petali di rose al passaggio di Bapuji. Lord Mountbatten
si congratulò con lui per il «miracolo di Calcutta», e ammise che la
sua calma era riuscita laddove i militari avevano fallito. Nel bel mezzo
dei disordini e dello spargimento di sangue, l'oasi di pace creata da
Gandhi aveva dato una dimostrazione straordinaria del potere della
nonviolenza.

Intanto, all'altro capo del paese, il neopremier issava per la prima volta a
Delhi la bandiera dell'India libera.

«L'uomo cui la dobbiamo è Gandhi» pronunciò dinanzi a una folla ocea-
nica ed esultante.

Quel giorno io ero con la mia famiglia a Bombay. Milioni di persone scesero in strada per unirsi ai cortei e ai festeggiamenti, ma per rispetto del
nonno nessuno di noi partecipò alle celebrazioni. «Non abbiamo niente
da festeggiare» aveva detto Bapuji.

Alcuni dei bambini e degli adolescenti della nostra famiglia uscirono per
vedere le luminarie e sentire il frastuono. Ricordo che ero combattuto tra
l'euforia che mi circondava e la tristezza che avevo visto nello sguardo del
nonno quando si era reso conto che il suo appello contro la Partizione sarebbe rimasto inascoltato. Nella corsa ad aggiudicarsi incarichi di potere,
i suoi collaboratori lo avevano abbandonato. Per lui la secessione era il
tradimento ultimo della causa: avrebbe fomentato le divisioni e – com'era

ormai sotto gli occhi di tutti – portato a stragi di innocenti da entrambe le parti.

Nei giorni seguenti continuò a viaggiare da una località all'altra, implorando la gente a ritrovare la ragione e a ristabilire la pace. Ma nemmeno lui poté trattenere le bande che avevano ripreso a vagare e a uccidere. Nel panico, la gente fuggiva in ogni direzione. In una città, la coda di profughi si estendeva per oltre ottanta chilometri. Bapuji raggiunse Delhi e continuò a mantenere la calma anche mentre il cerchio di violenza si stringeva intorno a lui, persino dopo gli omicidi avvenuti nella residenza di Lord Mountbatten. Per mio nonno lo sfacelo e le stragi nel paese erano la tragica dimostrazione di ciò che accade quando si dimenticano nonviolenza e *satyagraha*.

Vista l'incertezza che regnava in India, i miei genitori decisero che era venuto il momento di tornare in Sudafrica. A quei tempi la traversata durava un minimo di ventuno giorni, e la prima nave su cui trovammo posto sarebbe salpata all'inizio di novembre. Mancavano quasi tre mesi alla partenza.

Mio padre scrisse a Bapuji per informarlo del progetto e lui ci diede la sua benedizione. Poi aggiunse qualche riga destinata a me: «Non dimenticare ciò che ti ho insegnato, Arun. Spero che da grande continuerai a lavorare per la pace».

Non dimenticare ciò che ti ho insegnato, Arun.
Spero che da grande continuerai a lavorare per la pace.

Avevo imparato molto nei due anni trascorsi con lui, e quelle parole di incoraggiamento mi infusero una nuova sicurezza.

Non potevo sapere che sarebbero state le ultime.

Bapuji era stato una forza positiva e rivoluzionaria in India, e aveva ispirato un cambiamento epocale anche dentro di me. Ora non ero più tormentato dal rancore e avevo imparato a incanalare anche la rabbia verso un fine utile. Avevo gli strumenti per contribuire a illuminare il mondo. Avevo appreso le sfumature della nonviolenza e, come sperava Bapuji, desideravo dedicarmi a combattere il razzismo, la discriminazione e tutte le disuguaglianze foriere di conflitti.

Il viaggio verso casa fu lungo, ma mai desolante quanto ciò che accadde dopo il nostro arrivo. Alla partenza da Sevagram, mi venne da sorridere al ricordo della camminata estenuante cui mi ero sottoposto il primo giorno per raggiungere l'ashram dalla stazione di Wardha. Da allora erano passati due anni, e io avevo ancora molto da dimostrare a me stesso e agli altri. Tuttavia sapevo che mai più avrei permesso al mio ego di avere la meglio sul buonsenso. Avevo imparato che per dare buona prova di sé bisogna essere umili, affidandosi al cuore e alle buone azioni.

In Sudafrica, a pochi chilometri dall'ashram di Phoenix, una scuola aveva finalmente aperto le porte alla comunità indiana. Esultai quando seppi la notizia. Non avrei più dovuto percorrere trenta chilometri ogni giorno per frequentare quel terribile istituto cattolico e subire i maltrattamenti delle suore. Io e mia sorella Ela fummo entrambi iscritti nella nuova scuola. Era un grosso miglioramento, e tuttavia in Sudafrica non mi sentivo ancora a casa. In quei due anni ero diventato un'altra persona. Nell'ashram dei miei genitori c'erano molti più agi, e una cucina infinitamente migliore di quella di Sevagram, ma il mio cuore era rimasto in India con il nonno. Pensai spesso di tornare da lui.

Invece non lo rividi mai più. Il 30 gennaio, due mesi dopo la nostra partenza, accadde l'inconcepibile.

Io ed Ela stavamo tornando da scuola attraverso i campi, ricalcando la pista lasciata nel fango dai camion e dai trattori dei contadini. Faceva caldo, e tutt'intorno a noi crescevano alte le canne da zucchero. Non avevamo percorso molta strada quando Ela dichiarò di essere stanca. Con un sospiro, sedette per terra. «Sono sfinita» disse. «Dovrai portarmi in braccio.»

Prima delle lezioni impartite da Bapuji, l'avrei costretta a rialzarsi e mi sarei arrabbiato per il suo infantilismo (Ela aveva sei anni meno di me). Adesso invece ero capace di gestire la situazione con rispetto e comprensione.

«Non ho la forza di portarti in braccio» le risposi calmo. «Mi costringi a lasciarti qui.»

Ovviamente non intendevo farlo. Mentre aspettavo che prendesse una decisione, notai in lontananza un membro della comunità di Phoenix. Non usciva quasi mai dai confini dell'ashram, perciò mi stupii molto di vederlo e mi domandai dove fosse diretto. Impiegai un momento a capire che stava cercando noi.

Quando fu a portata d'orecchio gridò, ansimando per l'agitazione: «Arun, corri subito a casa. Tua madre ha bisogno di te. Penso io a tua sorella».

«Sono già diretto a casa. Che fretta c'è?»

«Fa' come dico. E sbrigati. Tua madre ti aspetta.»

Doveva essere accaduto qualcosa di molto grave. A casa trovai mia madre al telefono, in lacrime. Quando mi vide riagganciò, ma subito il telefono squillò di nuovo. Lei rispose, senza riuscire quasi a parlare.

Tra pianti e telefonate, mi riferì l'orribile notizia appena ricevuta.

Il mio amato nonno era stato assassinato.

«Non lo rivedremo mai più» singhiozzò mia madre.

Rimasi come impietrito. Poi chiesi dove fosse mio padre.

«È andato in città per una riunione, non so come contattarlo» rispose lei. Continuò a parlare e intanto il telefono squillava. La notizia si era diffusa, e sempre più persone chiamavano per esprimere il proprio orrore e la propria desolazione. Impalato in mezzo alla confusione, cominciai a piangere. Ogni istante degli ultimi due anni mi passò come un lampo davanti agli occhi. Le gare con Bapuji a chi filava più cotone con l'arcolaio. Il nonno che si dondolava appeso alle mie spalle. La sua carezza sul volto quando cercavo di farlo ridere. Mi sembrava impossibile che non ci fosse più.

«Come hanno potuto ucciderlo?» domandai a mia madre.

Sapevo che c'erano stati molti attentati alla sua vita, spesso organizzati da induisti di estrema destra convinti che il Mahatma li avesse traditi. Ma lui era sempre riuscito a scamparla, e io mi ero persuaso che fosse indistruttibile.

Infine arrivò anche mio padre, con il volto terreo e gli occhi lucidi. Dopo la riunione era andato a comprare la frutta al mercato dove aveva saputo quanto era accaduto. Alcuni dei commercianti gli avevano offerto un passaggio, ma lui era riuscito a conservare un contegno e a tornare con la sua auto. Strinse me e mia madre in un abbraccio.

Intanto la casa sprofondava nel caos, piena di amici accorsi a chiedere notizie. «È vero?» domandava ciascuno, sulla soglia.

Mio padre cercò di contattare suo fratello in India per avere dettagli, ma la questione richiese del tempo. Nella nostra zona le telecomunicazioni erano ancora rudimentali e una chiamata intercontinentale doveva passare da una quantità di centralini.

Finalmente, parlando su una linea piena di interferenze, mio padre riuscì a dire a suo fratello che saremmo tornati in India per assistere al funerale. Lo zio rispose che non potevano aspettarci. Bapuji era stato ucciso alle cinque e un quarto del pomeriggio, e nel giro di poche ore quasi un milione di persone era accorso a Delhi. Le autorità temevano che rimandando le esequie la folla sarebbe aumentata ancora di più, accrescendo il rischio di disordini, perciò lo zio aveva acconsentito a celebrare il funerale il pomeriggio successivo. Dovevamo rassegnarci a dire addio a Bapuji da ottomila chilometri di distanza.

L'indomani, insieme ai miei genitori, ascoltai la cronaca della cerimonia tra i fruscii di elettricità statica della radio. Scoprii che a Delhi il nonno aveva alloggiato a Birla House, dove eravamo stati insieme. Era uscito in giardino per guidare un raduno di preghiera, affiancato dalle pronipoti che fungevano da «bastoni da passeggio». Quando la folla si era aperta per lasciarlo passare, un uomo gli aveva sbarrato il passo, aveva spinto via una delle ragazze, che lo reggeva come negli ultimi due anni avevo fatto io, e gli aveva sparato tre colpi di pistola.

Molti leader mondiali avrebbero voluto rendergli omaggio ma, come noi, non ne avevano avuto il tempo. Il papa inviò un tributo, come pure il presidente americano Harry Truman e re Giorgio VI. Oltre un milione e mezzo di indiani di ogni fede, casta e colore si unì alla processione funebre e altrettanti la guardarono sfilare in vari punti della città. Forse il tributo più sconvolgente fu l'immediato arresto di ogni violenza in tutto il paese. Qualcuno disse che era come se fosse stato spento un interruttore. Alla notizia della sua morte, gli eccidi si erano fermati di colpo, la prova che il sogno di pace e unità di Bapuji non era un'illusione.

Quasi all'altro capo del mondo, invece, io quella pace non riuscivo proprio a trovarla. Mi vedevo l'accaduto davanti agli occhi, e lo shock e la tristezza iniziali si tramutarono in rabbia. Infine, mentre ascoltavo la trasmissione radio insieme alla mia famiglia, quella rabbia esplose.

«Avrei dovuto esserci io al fianco di Bapuji!» gridai. «Se fossi stato a Birla House, quell'uomo l'avrei ammazzato con le mie stesse mani!»

Mio padre si asciugò gli occhi e mi rivolse uno sguardo serissimo. «Hai già dimenticato le lezioni impartite da tuo nonno?» domandò in tono sommesso. Era triste, ma io avvertii la profonda compassione nella sua voce. Poi, proprio come avrebbe fatto Bapuji, mi strinse tra le braccia. «Non ti ha forse insegnato che dobbiamo mettere la rabbia al servizio dell'intelligenza? E in questa circostanza, qual è la direzione giusta in cui incanalarla?»

Ci pensai un momento, poi feci un profondo respiro. «Il proseguimento del suo impegno a fermare la violenza nel mondo.»

Mio padre annuì. «Proprio così. Non scordare mai i suoi insegnamenti. La cosa migliore che tutti noi possiamo fare per Bapuji adesso è portare avanti la sua missione, dedicando la vita affinché tragedie come questa non si ripetano mai più.»

Sapeva che avevo bisogno di un obiettivo concreto in cui convogliare la mia rabbia, e che l'azione positiva è spesso utile per scacciare i pensieri negativi. Decidemmo di organizzare una nostra funzione in ricordo di Bapuji, per consolare noi stessi e la moltitudine di persone in lutto in Sudafrica. Mio padre suggerì di stampare un numero speciale di «Indian Opinion», il settimanale fondato da Bapuji e di cui adesso si occupava lui. Raccogliemmo una quantità di testimonianze e di fotografie sulla vita e le conquiste del nonno. Nel giro di un mese avevamo preparato un'edizione speciale di cento pagine, stampata su un vecchio ciclostile. Il progetto ci permise di mettere da parte il dolore e la rabbia per concentrarci sull'amore e sul ricordo.

Fui fiero di partecipare all'iniziativa, e non mi stancavo di leggere e rileggere la rivista, ripensando a mio nonno. Non riuscivo però a levarmi dalla mente la scena dell'attentato, immaginandomi al fianco di Bapuji e domandandomi se in quel caso sarei riuscito a salvarlo.

«Sapete, vorrei ancora ammazzare quell'uomo» confessai un giorno ai miei genitori.

Mia madre sospirò. Capiva la mia reazione, ma era certa che il nonno ne avrebbe sofferto. «Bapuji avrebbe voluto che perdonassi il suo assassino» proferì quasi sottovoce.

Quelle parole mi colsero alla sprovvista. Certo che il nonno lo avrebbe desiderato. E invece di offrire perdono, io volevo vendetta. Bapuji insegnava che ricambiare il torto non è mai una soluzione. La sete di rivalsa ti consuma dall'interno, distruggendo la tua pace mentale e lasciandoti perennemente insoddisfatto. Invece di danneggiarti un'unica volta, il tuo aggressore continua a ferirti e a ucciderti all'infinito. Non potevo permettere che accadesse anche a me, perché così facendo avrei tradito il nonno. Lui mi aveva insegnato che «nonviolenza» non è sinonimo di passività o di viltà. È un uso accettabile della forza per disarmare l'aggressore e proteggere i tuoi cari. Se quel giorno fossi stato io uno dei suoi «bastoni da passeggio», Bapuji non avrebbe voluto che fuggissi, ma che affrontassi il suo sicario. Quel giorno però io non c'ero. Perciò il problema era come reagire al dato di fatto.

«Il perdono è più virile della punizione» mi aveva insegnato Bapuji.

Il perdono è più virile della punizione.

Quando veniamo messi alla prova, non ci dimostriamo forti reagendo con la violenza o la rabbia, ma orientando le nostre azioni verso il bene. Dopo la sua morte, l'India aveva offerto a Gandhi il grande dono di una breve tregua. Anch'io dovevo fare lo stesso, rispondendo a un enorme dolore con il regalo del perdono. Una volta Bapuji aveva spiegato che è facile amare chi ci ama. Il vero potere della nonviolenza risiede nella capacità di amare chi ci odia.

«So che è difficile seguire questa legge suprema dell'amore» aveva detto, «ma ciò che è grande e buono è sempre difficile da realizzare. E amare il nemico è il compito più duro in assoluto. Eppure persino questo diventa facile se lo vogliamo davvero.»

So che è difficile seguire questa legge suprema dell'amore, ma ciò che è grande e buono è sempre difficile da realizzare. E amare il nemico è il compito più duro in assoluto. Eppure persino questo diventa facile se lo vogliamo davvero.

Era vero: trovare la forza di perdonare era difficilissimo, eppure dovevo riuscirci; per me stesso e per lui. Sarebbe stato il mio tributo ai nostri due anni di vita insieme. Ancora una volta ripetei a me stesso la sua massima: l'occhio per occhio serve solo ad accecare il mondo. Dobbiamo ridefinire il nostro concetto di giustizia. Dopo una tragedia, l'obiettivo deve essere rendere il mondo migliore, non farlo sprofondare nella spirale di violenza e vendetta.

Così, negli anni trascorsi dopo la morte di mio nonno, mi sono prefissato la missione di diffondere il suo messaggio di perdono, speranza e nonviolenza.

Purtroppo le tragedie continuano ad accadere. Ogni volta che negli Stati Uniti, la mia patria adottiva, viene perpetrato un insensato atto di violenza, gli amici e i parenti delle vittime provano la stessa angoscia e dolore che sperimentai io quel giorno mentre ascoltavo la radio.

Per molti anni sono stato tormentato dal dilemma di come reagire alle atrocità. Nel 1999, in Colorado, dodici studenti e un insegnante furono uccisi nel liceo di Columbine. Fu il massacro più grave mai avvenuto in una scuola nella storia americana, e un amico del posto mi invitò a parlare ai superstiti. L'intera comunità ribolliva di rabbia e chiedeva vendetta. Poco prima dell'incontro, il mio amico mi chiese che cosa avrei detto.

«Parlerò del perdono e della necessità di passare oltre» risposi.

«Ti cacceranno via» mi mise in guardia lui. «Sono troppo infuriati per ascoltare un discorso simile.»

Era un rischio, ma decisi comunque di condividere il messaggio di non-violenza e di perdono che avevo ricevuto dai miei genitori e dai miei nonni. Dissi a quelle persone che capivo il loro dolore e la loro angoscia perché li avevo sperimentati sulla mia pelle, tuttavia li invitai a elaborarli, perché la via che conduce a una società migliore è lastricata d'amore, non di odio. E loro non mi scacciarono dalla sala. Si alzarono in piedi per un'ovazione.

Mi è capitato anche in tempi più recenti di rivolgermi a una folla di persone in lutto. Nel 2014, a Ferguson, nel Missouri, l'ennesima uccisione di un diciottenne nero per mano di un poliziotto bianco suscitò un'ondata di proteste contro la discriminazione razziale. Una marea di manifestanti si riunì per dimostrare solidarietà, e furono scanditi i nomi di centodieci persone assassinate in città solo quell'anno. Il clima era incandescente e tutti chiesero che i bianchi ammettessero i propri pregiudizi, consapevoli o inconsapevoli, che nutrivano nei confronti dei neri.

In quello scambio di accuse, di colpo risentii nella mente le parole di mia madre a noi bambini: «Quando puntate l'indice contro qualcuno, tre dita della mano sono puntate contro di voi». Invece di concentrarci sulle responsabilità degli altri, dovremmo fare un esame di coscienza per identificare le nostre.

Al momento di prendere la parola, cercai di ritrovare in me lo spirito di Bapuji e di offrire uno sfogo positivo alla rabbia dei manifestanti. Volevo consolarli, ma anche spingerli a mettere da parte il desiderio di vendetta. «Tutti abbiamo pregiudizi, a prescindere dalla nostra razza e colore» esordii. «E non potremo mai cambiare le cose se non siamo disposti a riconoscere questa debolezza in noi stessi. Trasformiamo il mondo solo quando affrontiamo le sue sfide con l'amore e la dolcezza, invece che con l'odio e la cattiveria.»

Condivisi con loro l'insegnamento più importante di Bapuji: dobbiamo diventare il cambiamento che perseguiamo. Molti annuivano, e dalla folla si levò un mormorio di assenso. Fu commovente constatare come le parole di Bapuji avessero toccato i loro cuori. Anche nella tragedia, il suo messaggio aveva indotto quelle persone ad andare oltre le etichette per aspirare al bene comune.

Le lezioni di mio nonno hanno il potere di ispirarci sempre, nella felicità e nel dolore, e la sua luce di speranza continuerà a brillare. Se vogliamo trasformare il mondo, dobbiamo cambiare noi stessi.

Se vogliamo la pace nel mondo, dobbiamo trovarla dentro di noi.

LEZIONI
PER IL PRESENTE

L'assassino di mio nonno era un induista di estrema destra indignato dalla filosofia gandhiana di eliminazione delle caste e uguaglianza universale. Altri come lui cercano ancora oggi di cancellare il lascito di mio nonno. Si oppongono all'idea che c'è del bene in ogni credo e che bisogna riconoscere e sostenere tutte le fedi. «Le religioni sono vie diverse che convergono verso lo stesso punto» insegnava Bapuji. «Che importa se imbocchiamo strade diverse, purché si arrivi alla stessa destinazione?»

Mio nonno cercava le Verità fondamentali, e riteneva che occorresse leggere tutte le scritture per trovare gli aspetti positivi di ciascuna. Le persone di mentalità ristretta preferiscono pensare di essere le sole nel giusto. Cercano di confermare il proprio senso di superiorità sminuendo gli altri. Hanno paura di mettersi in discussione e si sentono minacciate dalle prospettive più ampie. Bapuji avrebbe detto che la mancanza di coraggio non è un segno di fede.

Parlando di mio nonno, Albert Einstein pronunciò una frase famosa: «Le future generazioni difficilmente potranno credere che qualcuno come lui sia stato sulla Terra in carne e ossa». Il segretario di Stato americano George C. Marshall lo definì «la voce della coscienza dell'umanità intera». Un commentatore disse che mio nonno aveva dimostrato che l'umiltà e la verità sono più potenti degli imperi. Bapuji non aveva un titolo, ricchezze o incarichi ufficiali. Non comandava eserciti, non regnava su un impero e non aveva scoperto la teoria della relatività. Insegnava verità già presenti nel cuore di tutti. Forse per questo il suo nome e la sua immagine sono tanto venerati.

Nel periodo che trascorsi con lui a Sevagram, mi fece scrivere un elenco delle mie debolezze e cattive abitudini, per mostrarmi dove concentrare il mio impegno e migliorarmi. Devi conoscere i tuoi punti deboli, mi spiegò, per poterli tramutare in punti di forza. Il tuo obiettivo è diventare ogni giorno migliore di ieri. Una volta avviata, la trasformazione ha un effetto a valanga. Io ho improntato l'intera vita nel tentativo di seguire questa massima. Bapuji mi ha insegnato che il nostro scopo è avere un impatto positivo sul mondo, perciò cerco di dedicarmi a iniziative in grado di fare la differenza.

Quando arrivai negli Stati Uniti, volevo condividere la filosofia di Bapuji con gli studenti dei college. Poiché non avevo un dottorato, non potevo insegnare nelle università americane. Bapuji però non si era mai lasciato scoraggiare dagli intralci burocratici, sapeva che se si vuole, si trova sempre un modo per fare ciò in cui si crede. Perciò decisi di fondare un mio istituto, intestato a suo nome e dedicato all'insegnamento della nonviolenza attraverso laboratori e conferenze informali. La stretta collaborazione con le persone per approfondire il concetto di giustizia e i metodi pacifici di risoluzione dei conflitti mi ha dimostrato quanto siano ancora attuali ed efficaci gli ideali di mio nonno. La sua filosofia permette davvero di colmare le distanze.

Nei primi anni Novanta del Novecento, la rabbia nei confronti della brutalità e del razzismo della polizia scatenò una vera e propria sommossa a Los Angeles. A Memphis, dove abitavo, un episodio analogo minacciava di avere le stesse conseguenze, e la comunità mi chiese di intervenire per placare gli animi. Non ero molto sicuro sul da farsi. Non ho il magnetismo di mio nonno o la sua capacità persuasiva. Sapevo però che quando non riusciva a trovare la risposta a un problema, Gandhi indiceva una preghiera collettiva, invitando le persone a cercarla con lui.

L'incidente di Memphis si era verificato di giovedì, e io decisi di organizzare una funzione ecumenica la domenica successiva. Mi rivolsi al rettorato dell'università in cui si trovava il mio istituto, ma mi fu detto che servivano almeno due settimane per preparare un evento simile. Due settimane? Se la tua casa è in fiamme, risposi, non puoi aspettare quindici giorni prima di accendere gli idranti.

Così radunai un gruppetto di colleghi e insieme contattammo a tappeto le organizzazioni religiose cittadine, chiedendo di partecipare alla cerimonia con una breve preghiera per la pace e l'armonia. E, a prescindere dal ruolo o dalla carica, trattammo tutti allo stesso modo: ciascuno avrebbe avuto diritto a cinque minuti di tempo, non uno di più o di meno.

Quella domenica oltre seicento persone si radunarono nel campo da football in cui si sarebbe tenuta la funzione. Avevamo scelto di proposito un terreno neutrale – non una chiesa, una moschea o una sinagoga – affinché nessuna tradizione prevaricasse le altre e tutti si sentissero rispettati in pari misura. I rappresentanti di oltre trenta gruppi religiosi si fecero avanti per recitare ciascuno una preghiera di cinque minuti. Quel giorno, tra le due porte del campo, si diffuse un clima straordinario di comprensione, amicizia e sintonia reciproca. Persone che prima credevano di non avere nulla in comune si sorridevano e si abbracciavano. L'atmosfera spirituale si rivelò duratura, producendo un effetto rasserenante e smorzando le tensioni per le settimane a seguire. Molti dissero che quella cerimonia di preghiera aveva salvato Memphis da un'ondata di violenza.

Pace e speranza fioriscono sempre quando ci apriamo gli uni agli altri. E insieme possiamo conseguire obiettivi che da soli sarebbero impensabili. All'ashram, Bapuji insegnava a guardare oltre la nostra cerchia immediata per comprendere che la vera famiglia è l'umanità intera. Così come saremmo disposti a fare un sacrificio per aiutare un fratello o una sorella in difficoltà, allo stesso modo dobbiamo partecipare al dolore del prossimo, anche se ci è estraneo, e compiere altrettanti sforzi in suo aiuto. All'inizio mi era spiaciuto non ricevere un trattamento privilegiato da parte di Bapuji. Credevo che essere suo nipote dovesse rendermi speciale ai suoi occhi. Solo in seguito ho compreso la portata ben più vasta del suo messaggio. Fin troppo spesso ci ostiniamo a difendere il nostro angolino di mondo, dimenticando che siamo tutti parte di un'unica rete e che non possiamo prosperare da soli.

Offriamo un grande dono a noi stessi e all'umanità quando adottiamo un punto di vista più inclusivo. Ciascuno può sopravvivere solo insieme al resto di noi. Oggi i ricchi continuano ad arricchirsi, mentre la miseria dei poveri si aggrava. Se appartenete al primo gruppo forse pensate che vada benissimo così. Ma perpetuando tale divario ci condanniamo a un futuro di violenze senza fine. E danneggiamo noi stessi, oltre che il pianeta. Per esempio: poiché non hanno l'elettricità, le popolazioni più povere di Asia, Africa e Sudamerica usano ancora la legna per cucinare, riscaldare l'acqua e le proprie case, e di conseguenza stanno abbattendo intere foreste. È un danno ambientale di cui tutti pagheremo lo scotto, poiché nessuno di noi è un'isola. Ed è una catastrofe annunciata permettere che il venti per cento della popolazione mondiale si riservi l'ottanta per cento delle risorse della Terra per continuare a vivere nell'opulenza, riducendo il resto dell'umanità a lottare per la sopravvivenza.

La convinzione americana di poter proteggere gli interessi nazionali con l'isolazionismo è un errore pericoloso. Negli Stati Uniti vige la convinzione secondo cui per avere la meglio sui conflitti serva armare un esercito forte. Per questa ragione, quasi il sessanta per cento del bilancio è destinato alle spese militari e alle armi di distruzione di massa. Il risultato è che vengono realizzati più armamenti di quanti la nazione ne possa usare, e il surplus è rivenduto in tutto il mondo. Gli Stati Uniti hanno già dimostrato di essere una superpotenza in termini militari. Ora devono dimostrare di essere una superpotenza anche spirituale. Questo significa essere disposti a operare per il bene del pianeta e non soltanto per il proprio tornaconto.

All'atrocità dell'11 settembre gli americani hanno reagito bombardando l'Iraq, ottenendo come risultato una violenza persino più grave, che ha travolto l'intero Medioriente. Una volta ammesso che l'Iraq non aveva nulla a che fare con gli attentati, ci siamo schierati in favore di una «guerra al terrorismo» che ormai prosegue da anni, e di cui non si vede la fine. E invece di diventare più sicuro, il mondo si è tramutato in un posto ancora più pericoloso, con attacchi terroristici in Europa e in Medioriente.

Spesso mi viene chiesto: come si sarebbe comportato Gandhi di fronte al terrorismo? Io credo che la sua reazione sarebbe stata sollecitare una politica estera fondata sulla solidarietà invece che sull'avidità. Avrebbe spiegato che il nostro rapporto con il resto del mondo deve ispirarsi al rispetto, alla comprensione e all'accettazione reciproca.

Subito dopo l'11 settembre avrebbe chiesto alla popolazione di indagare le radici dell'odio e della frustrazione che inducono gli altri a ricorrere a sistemi tanto devastanti per colpirla. «Un momento!» potrebbero rispondere alcuni americani. «Noi non abbiamo fatto niente di male. Siamo le vittime, non gli aggressori!» È vero. Ma se l'odio ribolle nel mondo, è nostro dovere cercare di placarlo.

Mio nonno avrebbe avviato un dialogo con le nazioni e i popoli che nutrono rancore verso gli Stati Uniti, per favorire un miglioramento dei rapporti. «È impossibile coltivare la pace dalla mancanza di pace» disse in un'occasione. «Sarebbe come pensare di raccogliere uva dai rovi o fichi dalle spine.» L'umiltà rimargina le ferite; l'arroganza le riapre.

Credo che mio nonno avrebbe guardato con sgomento i tanti leader che nel mondo di oggi puntano più ad arricchire se stessi che a migliorare la vita dei cittadini che li hanno eletti. Credeva fermamente che i governanti debbano usare il potere a vantaggio del prossimo. Ma sapeva anche che non sempre è così. «Il vero potere deriva dal mettersi al servizio degli altri, ma spesso la sua conquista ne svilisce il possessore» ripeteva. Oggi molti politici si concentrano solo sulla vittoria elettorale e sul proseguimento della carriera, e a questo scopo non hanno scrupoli a seminare odio e pregiudizio. Non sembrano rendersi conto che il loro comportamento mina lo Stato e la democrazia di cui sono al servizio.

Ma dunque cosa bisogna fare per opporci agli errori, alle ingiustizie e alle atrocità cui assistiamo quotidianamente? In primo luogo dobbiamo *vederli* con chiarezza. Penso a quel giorno in Sudafrica, nel 1895, quando un bianco decise di non voler condividere lo scompartimento con un uomo di colore e chiamò la polizia per scacciare mio nonno dal treno. Era la prima volta che Bapuji si trovava faccia a faccia con il pregiudizio, e l'esperienza lo scosse profondamente. Quando però raccontò l'episodio ad altri indiani, molti di loro scrollarono le spalle. Se i bianchi non lo volevano in prima classe, perché non si era limitato a cambiare carrozza? «Perché non è giusto» spiegò Bapuji innumerevoli volte. «L'ingiustizia non va mai tollerata.»

L'apatia dimostrata dai suoi interlocutori gli fece comprendere anche che «nessuno ci opprime più di quanto noi opprimiamo noi stessi». Abbiamo cessato di accorgerci delle ingiustizie inflitte a noi stessi e agli altri. Concentrati sul nostro quotidiano e animati dal desiderio di tirare avanti, smettiamo di prestare attenzione, e perfino i comportamenti più osceni finiscono per sembrarci normali.

Bapuji ci direbbe di riscuoterci, oggi stesso, e di aprire gli occhi alle disparità e alle ingiustizie nel mondo. La disuguaglianza e la discriminazione non sono un destino ineluttabile e vanno combattute a ogni livello. E pur incoraggiando le persone a reagire, Bapuji sapeva che non serve a niente rispondere all'odio con l'odio e alla rabbia con la rabbia. La trasformazione può nascere solo da un approccio positivo: dall'amore, dalla comprensione, dall'abnegazione e dal rispetto.

La sua militanza per il cambiamento cominciava sempre con un invito al dialogo. Quando l'invito cadeva nel vuoto, il passo successivo era l'organizzazione di manifestazioni di massa per suscitare la solidarietà di persone da ogni schieramento.

La protesta nonviolenta potrebbe funzionare anche oggi, ma in primo luogo dobbiamo avere chiaro il nostro obiettivo, capire dove vogliamo arrivare. Per esempio, la strage di giovani afroamericani perpetrata dalla polizia è un'atrocità e va senz'altro condannata. Spesso però le proteste si sono concentrate solo sulla necessità di punire i responsabili. Bapuji ci avrebbe sollecitato a vedere il quadro generale. Il vero scopo di una comunità è eliminare le paure e i pregiudizi. Se non ci impegniamo a risolvere il problema alla radice (o ci limitiamo alla repressione), gli effetti continueranno a riprodursi.

Forse un approccio migliore sarebbe cercare di prendere coscienza della discriminazione implicita e renderci conto che persino i meglio intenzionati tra noi rischiano di cascarci. Un laboratorio sulla diversità tenuto all'M.K. Gandhi Institute for Nonviolence ebbe un esito inaspettato. La persona incaricata di dirigerlo aveva realizzato una serie di maschere ritagliate da foto di persone di ogni razza e colore. Ne fece indossare una a ciascuno, invitandoci a porci dinanzi a uno specchio. Fu un'esperienza stranissima guardarsi e vedere un estraneo. Dopo due minuti di riflessione, fummo incoraggiati a descriverci in quella veste inedita.

I partecipanti al laboratorio erano tutte persone democratiche, appartenenti alla borghesia medio-alta e a etnie diverse. Ognuno di noi era certo di non avere pregiudizi: l'esperimento dimostrò l'esatto contrario. Le descrizioni lasciarono trapelare una quantità di stereotipi inconsci. Posti di fronte a un volto sconosciuto, ricademmo tutti sui preconcetti basati sulla razza, il genere o l'età.

Durante la mia infanzia in Sudafrica ero stato vittima delle forme peggiori di discriminazione, di cui avevo compreso i pericoli, e gli anni trascorsi con Bapuji mi avevano persuaso della necessità di combattere il pregiudizio a ogni livello. Ma quel giorno, durante il workshop, mi resi conto di aver commesso lo stesso identico errore: avevo giudicato un altro dall'aspetto esteriore.

Bapuji puntava a trasformare la società, incoraggiandoci a vedere le somiglianze invece delle differenze. Oggi, al contrario, vediamo che molti gruppi utilizzano le divisioni come un fine da perseguire. Sono disposti a paralizzare le comunità pur di imporsi all'attenzione dell'opinione pubblica e ottenere il diritto al riconoscimento e al rispetto. Non pretendono comprensione o accettazione, chiedono solo di poter vivere secondo le proprie regole. Io nutro una profonda solidarietà per la loro lotta e so quanto possa essere difficile. Ma nessuna società è mai riuscita a sopravvivere affidandosi al principio del *divide et impera*. Un paese o una comunità divisi finiscono sempre per cadere a pezzi. Oggi più che mai.

Molti dei nostri leader vorrebbero chiudere le porte al mondo e fingere che chi è fuori dai nostri confini non esiste o non conta. Ma il mondo sta diventando sempre più piccolo e le società *più* multirazziali e multireligiose, non meno. Bapuji aveva previsto questa evoluzione e compreso che non dovremmo isolarci all'interno del nostro gruppo etnico o razziale, unendoci alla maggioranza solo per gli affari o le attività commerciali. Al contrario, dobbiamo vivere e lavorare ispirandoci a una visione condivisa del bene comune.

L'America è caduta in una spirale di politica delle identità: le persone si barricano in comunità distinte e si schierano secondo le preferenze ispirate da queste classificazioni. Molti non votano per il bene del paese ma solo per chi offre vantaggi al proprio gruppo di appartenenza (e, per ironia della sorte, spesso eleggono candidati o partiti che dopo aver promesso di proteggere i loro interessi finiscono per fare l'esatto contrario). La vera uguaglianza impone di guardare oltre la nostra piccola cerchia. La democrazia autentica garantisce uguali diritti e anche pari accoglienza e rispetto per tutti.

Bapuji osservò che «spesso i politici ammantano la verità in un velo di mistero, dando la priorità al provvisorio e all'irrilevante invece che al permanente e al sostanziale». Io vorrei vedere queste parole incise su tutte le cabine elettorali. Le nostre campagne politiche sono un marasma di interessi personali e false promesse che acceca alla visione più vasta del mondo e ignora le questioni davvero impellenti. La conseguenza di questa miopia sono le sofferenze dei cittadini e le divisioni della nazione.

Spesso i politici ammantano la verità
in un velo di mistero, dando la priorità
al provvisorio e all'irrilevante
invece che al permanente
e al sostanziale.

Berlino ha edificato memoriali eloquenti all'Olocausto e agli ebrei vittime di un odio insensato. I manifesti accanto alla piazza principale mostrano le immagini della città in macerie alla fine della Seconda guerra mondiale, con cittadini tedeschi di ogni religione ridotti alla fame. Le conseguenze di quell'odio si erano abbattute su tutti gli innocenti a prescindere dalla provenienza, distruggendone le vite e i sogni. Lo scopo dei memoriali è darci la speranza di avere appreso le lezioni del passato.

Ma siamo davvero cambiati? Abbiamo imparato dalle devastazioni avvenute nel corso della storia? Il problema più grave del presente è il persistere e il dilagare di un odio della diversità molto simile a quello nazista. Ne vediamo i risultati spaventosi tutt'intorno a noi: dal bullismo nelle scuole alle violenze per la strada, fino ai massacri e alle deportazioni di massa. Dopo la Seconda guerra mondiale, l'odio ha continuato ad alimentare genocidi, in Cambogia, Ruanda e Bosnia. E adesso stiamo assistendo alla distruzione della Siria. Le atrocità possono sembrarci lontane, ma le vittime dello sfacelo non sono diverse da noi. Come tutti, desiderano avere un lavoro, la possibilità di sfamare le famiglie, di crescere i figli in un ambiente sicuro, di sostenere le proprie comunità e di vivere in pace. E invece si ritrovano chiuse nei campi profughi, a domandarsi perché nessuno si preoccupi di loro o cerchi di aiutarle.

Quando ci rendiamo conto di avere più cose in comune che ragioni per distinguerci, cambiamo approccio e prospettiva nei confronti del mondo e delle persone. Possiamo anche pensare che un conflitto o una tragedia toccata ad altri non ci riguardi, però di fatto i privilegiati di oggi potrebbero diventare i perseguitati di domani. Una volta cominciato a distinguere le persone in categorie, non c'è più fine ai «diversi» da emarginare: in base alla razza, alla religione, alla nazionalità, al genere, alla preferenza sessuale, alle opinioni politiche, al fisico, all'età, al ceto, alla disabilità, alla lingua, all'accento, alla personalità, allo sport preferito. In ultima analisi ciascuno di noi è sempre «diverso» agli occhi di qualcun altro.

Spesso l'odio e le discriminazioni che avvengono in luoghi lontani ci appaiono incomprensibili. Molti americani ammettono di non riuscire a distinguere la differenza tra hutu e tutsi in Ruanda, sciiti e sunniti in Medioriente, e persino tra induisti e musulmani in India. Dalla prospettiva di un cittadino statunitense di origini giudaico-cristiane, ciascuno di questi schieramenti appare più simile che diverso dal suo avversario. Eppure tutti cercano di distruggersi a vicenda.

Non lo dico per schernire l'ignoranza americana rispetto alle religioni del mondo, ma per trasmettere la vera lezione di questa confusione: spesso le persone che discriminiamo sono di fatto le più simili a noi. La fedeltà alla nostra cerchia – e il disprezzo nei confronti degli outsider – non ha alcun fondamento. Gli psicologi hanno scoperto che appena inseriti in un gruppo, gli individui lo difendono a spada tratta, sostenendone automaticamente la superiorità. E questo a prescindere dall'irrilevanza degli elementi distintivi. Basta assegnare agli uni una maglietta rossa e agli altri una maglietta blu per creare alleanze e conflitti. Nell'esperimento, chi indossava la maglietta rossa si dimostrava subito più gentile e sollecito con chi portava la stessa «divisa» rispetto a quelli con la maglietta blu, e viceversa. Ragionando in termini di «noi» e «loro», tendiamo ad aiutare e sostenere i primi e a respingere gli altri.

Al momento gli psicologi stanno cercando di indagare le fonti di questa tendenza, detta *in-group bias* (pregiudizio a favore del gruppo). Alcuni ritengono che la nostra mente sia programmata per preferire il gruppo di appartenenza, anche se ci capitiamo per caso. Ma è anche vero che molte norme e comportamenti culturali sono appresi, e di sicuro un sistema educativo che incoraggi l'inclusione invece dell'esclusione può cominciare a cambiare la situazione. L'uguaglianza e l'accoglienza che ho appreso da Bapuji sono rimaste un aspetto fondamentale della mia vita in tutti questi decenni, e continueranno a esserlo. Dobbiamo impegnarci a trasmettere queste lezioni ai nostri figli, anche quando i condizionamenti esterni li spingono nella direzione opposta.

Molti dei problemi che ci dividono e ci distruggono sono risolvibili solo con la disponibilità ad aprire la mente e il cuore alla comprensione e al rispetto reciproci, e non semplicemente con le leggi. Se fosse stato ancora vivo nel 1964, mio nonno avrebbe gioito quando il presidente Lyndon Johnson firmò la Legge sui diritti civili, che riconosceva pari opportunità a tutti a prescindere dalla razza, dalla religione, dal genere o dalla nazionalità d'origine. Allo stesso modo, avrebbe esultato per quella promulgata quattro anni dopo, che includeva nei diritti civili quello di pari accesso alla casa. Ma sarebbe stato abbastanza saggio da sapere che era solo il primo passo. E non si sarebbe sorpreso del persistere delle disuguaglianze ancora a distanza di mezzo secolo.

All'origine del vero cambiamento ci sono le persone. Cinque anni dopo l'entrata in vigore del Decreto del 1968, il Dipartimento di giustizia querelò una società immobiliare di New York, accusandola di discriminare gli afroamericani con il rifiuto di affittare loro le proprie case. Il presidente di quella società era Donald Trump. La legge non gli aveva impedito di continuare a comportarsi da razzista, e a distanza di anni i suoi pregiudizi non hanno scoraggiato gli elettori. Oggi quell'uomo è presidente degli Stati Uniti.

Con la legislazione sui diritti civili l'America ha compiuto metà del tragitto, ma poi si è fermata. Per arrivare fino in fondo servono un esame di coscienza, la sensibilizzazione e l'istruzione. Vale lo stesso per le norme che hanno riconosciuto pari diritti alle donne e agli omosessuali. Modificare le leggi per proteggere le persone è vitale, tuttavia il cambiamento autentico avviene quando ciascuno si rende conto dei danni causati dal pregiudizio, ammette gli errori commessi in passato e accoglie gli altri invece di emarginarli.

Bapuji diceva spesso che una società non si giudica in base al metro della prosperità materiale ma dalla profondità dell'amore e del rispetto che dimostra a tutti i suoi membri. Per esprimere il concetto, usava il termine *sarvodaya*, che in sanscrito significa «benessere universale». Credeva che *tutti* avessero diritto a una vita decente, alla felicità e all'affrancamento dalla miseria. Ciascuno di noi è animato almeno in parte dall'interesse personale, eppure Bapuji sapeva che proviamo una gioia e un appagamento più profondi quando smettiamo di concentrarci solo su noi stessi e guardiamo al di là delle nostre esigenze particolari. Per descrivere la libertà cui tutti dovrebbero avere accesso – e che dovremmo aiutarci l'un l'altro a conquistare – usava la parola *swaraj*, intendendo qualcosa di più dell'emancipazione politica. Il suo appello era per la «*swaraj* dei milioni che soffrono la fame e l'inedia spirituale».

Per stabilire se un'azione era giusta oppure no, Bapuji usava un test molto semplice. Nel dubbio, «richiamate alla mente il volto della persona più povera e debole che abbiate mai visto, e domandatevi se il passo che state per compiere le sarà di aiuto oppure no». Contribuirà a restituirle il controllo sulla sua vita, la dignità, la *swaraj*? Se la risposta è sì, «sentirete svanire ogni dubbio».

È sempre possibile influire su quanto accade nella politica o nel mondo. Ogni volta che torno in India, mi sento sopraffatto dalla vastità della miseria, e anche dalla determinazione di tanti individui di cambiare la vita dei più bisognosi.

Una donna che ho conosciuto molti anni fa, Ela Bhatt, cominciò a organizzare microprestiti per aiutare le donne ad avviare piccole attività, come la vendita di frutta e verdura. Con il tempo il suo programma ha coinvolto oltre nove milioni di donne in ogni parte dell'India. Dopo un po', alcune di loro dissero alla signora Bhatt che non volevano più dipendere dalle banche per i loro prestiti e suggerirono di fondare una propria cooperativa. Con delicatezza, lei cercò di spiegare le difficoltà dell'impresa. Quelle donne erano in gran parte analfabete, incapaci persino di scrivere il proprio nome. «E allora insegnaci!» fu la risposta.

Seduta stante, nel salotto di casa sua, Ela improvvisò una lezione che durò tutta la notte. L'indomani mattina andò a prendere i moduli necessari e con immenso orgoglio vide quelle donne apporre ciascuna la propria firma sui documenti costitutivi della cooperativa di lavoratrici autonome. La chiamarono Self-Employed Women's Association of India, e poco dopo lanciarono una propria Banca cooperativa. Oggi l'istituzione è florida e aiuta innumerevoli donne povere a rendersi indipendenti.

Quando la Banca fu fondata, nel 1974, circa quattromila donne diventarono azioniste, acquistando le azioni a meno di un dollaro ciascuna. Oggi i correntisti sono quasi diecimila, e oltre a offrire libretti di risparmio e prestiti, SEWA fornisce servizi come l'assistenza sanitaria e legale.

Indira e Pushpika Freitas, due sorelle residenti nella zona di Chicago, hanno lanciato una linea di abbigliamento solidale. Inviano i loro modelli a Mumbai, dove le donne delle baraccopoli imparano a tingere, stampare e cucire i tessuti. Creano abiti stupendi, li vendono attraverso un catalogo e hanno diritto all'ottanta per cento del ricavo. Anche questo progetto si è ampliato in modo straordinario, e oggi finanzia asili e assistenza sanitaria per le lavoratrici, emancipandole da condizioni di estrema povertà. Conosco le sorelle Freitas da molto tempo, e anche i loro genitori sono persone devote e socialmente consapevoli. Persino in un mondo difficile è possibile insegnare ai nostri figli i veri valori e provare la fierezza di vederli diventare adulti capaci di fare la differenza.

Entrare in dialogo diretto con le persone diverse da noi è cruciale per superare il pregiudizio e capire quanto in realtà abbiamo in comune. Io ammiro molto le organizzazioni come l'Institute of International Education. Tra i suoi molti programmi, l'IIE assegna borse di studio in ogni parte del mondo, di cui alcune, come la Fulbright, sono riservate agli studi superiori. L'IIE aiuta anche gli studenti dei college a livello internazionale. Allan Goodman, l'illustre docente a capo dell'istituto, è consapevole dell'importanza di una visione globale. Nel pieno della crisi siriana, ha permesso a centinaia di migliaia di giovani profughi di proseguire gli studi. «Se non siamo noi a educarli, lo farà l'Isis» ha avvertito.

Il professor Goodman ha una comprensione profonda del collegamento tra nonviolenza e istruzione per diffondere la speranza e perseguire il cambiamento.

L'IIE, a tal proposito, ha lanciato programmi anche per incoraggiare gli studenti dei college americani a frequentare un semestre all'estero. Esistono, inoltre, altre organizzazioni concentrate sui liceali, che permettono loro di trasferirsi per un anno in un altro paese, spesso vivendo ospiti di una famiglia e frequentando la scuola locale. A distanza di decenni molti di loro descrivono quell'esperienza come la più formativa della loro esistenza. Hanno convissuto per un anno con persone che avevano costumi, tradizioni e visioni diverse dalle loro. Sedendosi ogni sera a cena con le famiglie ospitanti, celebrando le loro festività, quegli studenti si sono sentiti parte di un mondo più vasto. Anni dopo, quando ascolteranno i politici denunciare i presunti pericoli portati dagli immigrati o dagli stranieri, avranno una prospettiva diversa, più ampia e saggia. Invece di avere paura di «quella gente», ricorderanno con affetto il padre adottivo che per un anno ha cucinato per loro, o la sorella con cui hanno passeggiato sotto le stelle.

Una donna di Manhattan mi ha raccontato un'esperienza capitale qualche tempo dopo l'11 settembre, quando la città era ancora traumatizzata dall'attentato. Una delle attrattive di New York sono gli ambulanti con le bancarelle autorizzate persino nei quartieri più eleganti, che danno un tocco folkloristico alla grande metropoli. La donna lavorava in un elegante grattacielo del centro e ogni mattina si fermava a comprare una banana da un banco di frutta e verdura. Nel corso dei mesi, i ritmi di lavoro indefesso dell'ambulante le avevano suscitato grande rispetto. L'uomo si alzava prima dell'alba per comprare le sue merci al mercato ortofrutticolo e restava dietro al banco fino a notte fonda, persino nei giorni più gelidi o afosi. «Ho due figli piccoli, e voglio garantire loro un futuro» le aveva spiegato. Avevano preso l'abitudine di scambiare due chiacchiere ogni mattina e la forza d'animo dell'ambulante dava alla mia amica la carica per cominciare la giornata. Un giorno lui annunciò di aver risparmiato abbastanza da prendersi una pausa di qualche mese per tornare a casa e portare il denaro alla sua famiglia.

«Dov'è la tua casa?» chiese lei.

«In Afghanistan» rispose l'ambulante.

Lei fece un balzo all'indietro, come se si fosse scottata, e lo guardò a occhi sgranati. L'uomo parlava con un accento marcato e aveva la carnagione olivastra, ma si era dimostrato così gentile e amichevole che a lei non era mai venuto in mente di considerarlo il «nemico». E di colpo si rese conto che di fatto non lo era. Guardando il suo sorriso e intuendo la sua impazienza di rivedere la moglie e i figli, comprese che era una persona come qualsiasi altra, cui era toccato in sorte di nascere in un posto pericoloso.

D'impulso lo strinse in un abbraccio. «Porta alla tua famiglia i nostri migliori auguri di salute e felicità» gli disse.

Bapuji ripeteva spesso: «Un'oncia di fatti vale più di una tonnellata di parole». Possiamo *parlare* di comprensione reciproca e di apertura agli altri ma non significa granché finché non *agiamo* per farla accadere. Potrebbe trattarsi di un anno di studio all'estero, o di riconoscere l'umanità di una persona diversa da noi (e di dimostrarlo con un abbraccio). In fondo abbiamo tutti le stesse aspirazioni: un futuro migliore per noi e le nostre famiglie, la possibilità di venire trattati alla pari con il resto del mondo. Agire è il modo migliore per cambiare il nostro cuore e trasformare quello altrui. Come diceva Bapuji, «la pratica è il discorso e la propaganda migliore».

Quando parlava di nonviolenza, Bapuji intendeva qualcosa di più del semplice gesto di deporre le armi. Puntava alla risoluzione dei grandi problemi di un paese e a ispirare rispetto per tutti. Come avevo imparato all'ashram quella volta che il nonno mi aveva mandato a recuperare la mia matita consumata, il vero significato della nonviolenza è vasto e inclusivo. Ci impone di comprendere le ripercussioni negative dello spreco e del materialismo, e il valore positivo di riconoscere la dignità del prossimo. Prestare attenzione a un unico aspetto di questa filosofia – l'astensione dall'aggressione fisica – riduce la nonviolenza alla parodia di se stessa. I militanti dell'intifada palestinese si considerano nonviolenti perché, pur avendo preso a sassate gli israeliani, non hanno usato armi da fuoco. La Ruckus Society di Berkeley, in California, si dichiara nonviolenta perché non colpisce direttamente le persone, sebbene non abbia scrupoli a sfondare le vetrine dei negozi o vandalizzare l'arredo urbano. Questo tipo di comportamento attira l'attenzione dei media senza tuttavia suscitare solidarietà e comprensione. Non si possono trasformare le coscienze o la società a colpi di mazze da baseball.

Il nostro mondo ha una lunga storia di aggressioni, guerre e conflitti settari. La violenza ha fatto milioni di vittime, e altri milioni hanno sofferto le umiliazioni dovute ai pregiudizi e all'odio. Innumerevoli persone si sono viste negare l'esistenza produttiva e pacifica cui aspiravano. Il nostro passato offre esempi lampanti – come l'apartheid in Sudafrica – di quanto siano sbagliate e distruttive le discriminazioni, eppure noi troviamo ancora ogni giorno una scusa per insistere nel pregiudizio.

Quando la cecità delle persone di fronte all'evidente distruttività delle loro azioni mi esaspera, io faccio un respiro profondo e ricordo il sorriso sereno di Bapuji. Mio nonno sapeva che il cambiamento non accade mai in fretta. La lotta per la libertà, l'uguaglianza e la pace può essere lunga e sfiancante. In difesa dei suoi ideali lui aveva subito molti arresti e aveva visto morire in carcere la moglie e il suo migliore amico.

Eppure era certo che ne fosse valsa la pena, e credo che oggi direbbe anche a noi di proseguire la lotta. L'approccio nonviolento richiede tempo e pazienza. Bapuji è la prova che non bisogna mai stancarsi di lottare per l'uguaglianza e la dignità di tutti, rispondendo alla violenza con la nonviolenza.

EPILOGO

La gioia più grande

Avevo la testa piena dei ricordi felici di mio nonno quando, nel 2015, una statua di bronzo di Gandhi alta quasi tre metri fu eretta al centro di Parliament Square, a Londra, insieme a quelle dei grandi leader che avevano dato un contributo vitale alla politica inglese e agli interessi mondiali. Se Bapuji fosse stato presente, avrebbe scherzato sul fatto che la statua è troppo colossale per rappresentare un uomo minuto come lui. E di certo non avrebbe mancato di notare l'ironia che la sua effigie si ritrovasse fianco a fianco con quella di Sir Winston Churchill, che si era opposto all'indipendenza dell'India e aveva trattato lo stesso Gandhi con disprezzo.

Dopo aver tolto il lenzuolo che copriva la statua, il primo ministro David Cameron ha descritto mio nonno come «un gigante» della storia politica. Bapuji fu senz'altro un gigante per ideali, virtù e leadership, ma per lui in fondo siamo tutti uguali. Per questo la sua statua è più vicina al terreno delle altre: mio nonno aveva sempre vissuto come un uomo del popolo.

Non si era mai considerato perfetto, e di sicuro non si riteneva un santo. Era consapevole delle sue debolezze e si impegnò sempre a migliorarsi. Sapeva che tutte le figure oggi più venerate – icone religiose o leader politici – avevano cominciato come persone ordinarie, animate da sentimenti comuni. Nessuno nasce santo. Serve uno sforzo consapevole per elevarsi oltre i propri limiti.

Per questo mi intristisce quando in alcune parti del mondo la reputazione di Bapuji viene distorta e le sue parole fraintese. Durante una protesta all'Università del Ghana, i manifestanti hanno abbattuto una statua di Gandhi eretta poco prima. Bapuji non era vissuto e morto per essere onorato con le statue, quindi non si sarebbe risentito dell'episodio in sé. Di certo avrebbe voluto instaurare un dialogo con quegli studenti, per capire come mai lo accusassero di razzismo e lo considerassero indegno di quell'onore. A sostegno della loro tesi, i manifestanti hanno osservato che da giovane Gandhi si era riferito ai neri sudafricani con il termine *kaffir*, oggi considerato spregiativo. Credo che Bapuji avrebbe risposto che in questo avevano ragione: per ingenuità, aveva davvero utilizzato quella parola, che al tempo era di uso corrente. Appena si era reso conto che veniva intesa come un insulto razzista, non l'aveva più pronunciata.

Forse avrebbe rammentato a quei ragazzi che nessuno nasce perfetto. Possiamo solo sperare di imparare e di migliorarci. Gli studenti contestavano a Gandhi di aver lottato più strenuamente per i diritti degli indiani in Sudafrica che per quelli dei neri, e chiedevano memoriali in onore delle grandi figure della storia africana. In risposta, Bapuji avrebbe potuto dire: «Il mio patriottismo non è un sentimento esclusivo... È sempre e in ogni caso coerente con il bene più vasto dell'umanità intera». Molti grandi leader africani sanno che la filosofia di Gandhi abbracciava tutti i popoli. Alcuni, come Desmond Tutu e Nelson Mandela, lo hanno citato come ispirazione ed esempio delle loro campagne per la libertà. E tra gli afroamericani, Martin Luther King lodava mio nonno e aderì alla sua filosofia nonviolenta.

Dopo la controversia all'università, le autorità ghanesi hanno deciso di spostare la statua per evitare che venisse ulteriormente danneggiata. La consideravano un simbolo dell'amicizia con l'India, e hanno chiesto al popolo di riconoscere il ruolo di mio nonno «come una delle personalità più straordinarie del secolo scorso».

Un certo revisionismo storico ha cercato di ridimensionare la vita e l'opera di altre grandi figure del passato, e in realtà non dovremmo stupirci di trovare difetti in un eroe molto ammirato. Siamo noi a sbagliare, tramutando gli esseri umani in santi. Tutti siamo il prodotto del nostro tempo, della politica e delle aspettative della nostra epoca. Ma gli uomini saggi come Bapuji si sono sforzati di assumere una prospettiva più ampia e lungimirante, e le loro azioni passate restano comunque attuali e valide, per il presente e il futuro.

Considerando la storia sul lungo termine, è facile sentirsi insignificanti e dubitare di poter fare anche noi una piccola differenza. In tutto il libro ho riportato esempi di individui il cui operato ha avuto un impatto importante su comunità grandi e piccole perché sono convinto che ciascuno di noi possa influire sulla vita del prossimo. Basta volerlo. Nessuno di quanti lo incontrarono da giovane avrebbe potuto prevedere che Bapuji avrebbe cambiato la vita di tante persone, diventando il riverito Mahatma Gandhi. Da ragazzo gracile e minuto, non sembrava proprio avere la stoffa o il carisma del leader; persino nella statua di Parliament Square indossa i suoi umili abiti indiani. In bronzo o in carne e ossa, mio nonno è la dimostrazione che a contare davvero è la potenza delle convinzioni e la determinazione nel perseguirle.

All'ashram, Bapuji parlava spesso delle sue debolezze e mancanze, raccontando volentieri gli errori e le disavventure giovanili. Una delle grandi ambizioni della sua vita era cancellare le distinzioni tra le persone e indurci a vedere quanto in realtà dipendiamo l'uno dall'altro. Quando, durante la guerra Anglo-Boera, organizzò l'Indian Ambulance Corps, Bapuji rischiò la vita per trasportare i feriti negli ospedali da campo, compresi gli zulu massacrati dagli inglesi. Non fosse stato per lui e per i suoi volontari, il numero di vittime zulu sarebbe stato ben più alto.

Le sacre scritture di ogni religione predicano la compassione, l'amore e il rispetto reciproco. E anche i laici considerano questi concetti fondamentali per qualsiasi interazione umana. Fin troppo spesso, però, dimentichiamo quei principi per credere solo al nostro utile. La vera grandezza viene dal riconoscimento dell'umanità che ci accomuna tutti e dall'impegno di aiutarci anziché abbatterci a vicenda.

La felicità è un'aspirazione universale, ma a volte pensiamo di trovarla nei beni materiali, acquisendo sempre di più a spese degli altri. Mentre la vera felicità ha una fonte ben più profonda. Viene dalla lotta in favore della pace e della giustizia universali. In ogni gesto e atteggiamento, Bapuji dimostrava la serenità e l'appagamento interiore cui tutti aspiriamo. Non vinse ogni battaglia e sapeva di non poter plasmare la realtà secondo il suo ideale, eppure si impegnò ogni giorno per migliorare se stesso e il mondo. «La gioia risiede nella lotta, nello sforzo e nella sofferenza dell'impegno, non nella vittoria in sé» ripeteva.

La gioia risiede nella lotta,
nello sforzo e nella sofferenza dell'impegno,
non nella vittoria in sé.

Tutti noi possiamo proseguire la battaglia di Bapuji in favore della pace e della giustizia, e tramandare la fede nel suo potente ideale di nonviolenza. Sono fermamente convinto che, seguendo l'esempio di mio nonno, ciascuno di noi potrà attingere la gioia più grande concessa sulla Terra.

RINGRAZIAMENTI

C'è voluto più di un intero villaggio per farmi crescere, perciò voglio esprimere la mia gratitudine a tutti, cominciando dai miei nonni e dai miei genitori, che mi hanno insegnato l'importanza dell'amore, della compassione e della comprensione.

Alle mie sorelle, Sita ed Ela, due amiche fidate, che si sono sempre prese cura di me.

Alla mia defunta moglie Sunanda, per avermi dato due figli straordinari, Archana e Tushar, e per avermi regalato la possibilità di praticare insieme le lezioni apprese da mio nonno.

Ai miei nipoti: il dottor Paritosh Prasad, Anish Prasad, Vivan Gandhi e, infine, la mia unica e sola principessa Kasturi, che mi rendono orgoglioso di come il concetto fondamentale di nonviolenza si sia tramandato con successo fino a loro.

Ai miei due agenti, Albert Lee e Jennifer Gates, senza i quali non sarei arrivato a scrivere questi ringraziamenti. Mi hanno sorpreso mostrandomi le potenzialità di questo libro.

Il ruolo svolto dal mio editor Mitchell Ivers merita molto più di un semplice ringraziamento. Non sarò mai in grado di ripagarlo abbastanza. Grazie a Kevin O'Leary, per avermi aiutato a creare la struttura su cui poggia il libro. A Janice Kaplan: senza di te non avrei potuto realizzare tutto questo. Mi hai aiutato a trovare la mia voce in ogni pagina. Insieme stiamo piantando i semi della pace nel mondo.

Grazie alla mia agenzia letteraria Aevitas Creative Management e alla Jeter Publishing, una divisione di Simon & Schuster, per avermi fornito tutto il supporto necessario affinché questo sogno si avverasse.
Il libro che avete tra le mani è frutto di amore e compassione. Spero che i messaggi che contiene possano cambiare la vita di voi lettori come hanno trasformato la mia.

INDICE